“十三五”国家重点出版物出版规划项目

徽州文物图录

·二·

杨永生　翟屯建◎主编

中国科学技术大学出版社

古建筑

一 民居

爱敬堂

位于歙县昌溪乡昌溪村周邦头自然村43号，建于清代。坐西北朝东南，二进三开间。通面阔12.6米，通进深9米，占地面积112.14平方米。房屋前方及右侧为大院，正门有砖雕门楼。两侧厢房与天井交界处上门挂落亦有圆弧形精美雕刻，厅内高悬『爱敬堂』匾。

爱敬堂

位于歙县霞坑镇洪琴村431号，建于清代。坐北朝南，二进三开间二层建筑。通面阔10.4米，通进深14.3米，占地面积149平方米。门楼有砖雕。内部窗栏、斜撑、雀替等构件雕刻有狮子、花草等图案。木、砖、石雕保存基本完好。

爱吾庐

位于黄山区新丰乡新丰古村东北部，建于清代。占地面积700平方米。主宅一进五开间，附宅一进三开间，均有天井（前天井），院中地面铺鹅卵石。木架结构穿斗式，斜方格纹水门汀地面，通五间的地沟式天井，板壁墙，天棚望板，前天井上檐斜撑6个。

安吉堂

位于歙县北岸镇瞻淇村383号，建于清代。坐西朝东，二进三开间。通面阔10.6米，通进深11米，占地面积116.6平方米。前有两个小院，门楼有精致暗八仙砖雕，内有部分木雕，正堂中有吴守锡题『安吉堂』匾额。

安仁和宅

位于黟县碧阳镇黄村，建于清代。坐北朝南，开间9.9米，进深7.7米，占地面积76.1平方米，三开间带二厢有天井二层建筑。

安治明宅

位于黟县碧阳镇黄村，建于清代。坐西朝东，开间9.2米，进深5.65米，占地面积52平方米，三开间带二厢有天井二层建筑。

八村曹宅

位于歙县王村镇八村文公舍，建于明代。通面阔10.45米，通进深13.4米，占地面积140平方米。堂内倒塌严重，有大、小冬瓜梁，有部分雀替。内外门楼砖雕已拆，外有砖雕2块。

巴建华等宅

位于休宁县海阳镇齐宁社区里仁巷12号，建于清代。占地面积184.87平方米。坐南朝北，八合布局。地铺红砂石板，柱础圆鼓状，雀替雕如意、花卉及卷龙，木隔扇窗饰方格。

巴利生宅

位于歙县徽城镇渔梁街92-7号，建于清末。坐北朝南，砖木二层结构。通面阔9.2米，通进深6.05米，占地面积55.7平方米。地面铺青砖。

巴慰祖宅

位于歙县徽城镇渔梁街77-79号，建于清代中期。坐北朝南，三进三开间楼屋。通面阔11.8米，通进深38.7米，占地面积456.66平方米。前进为客厅，有天井、两庑、门厅，中后进为住房，皆为三合院，另有东西厅。客厅瓜柱、柱托雕刻精美，角檐柱上端有丁字拱，中进有梭柱、覆盆础。2012年被列为安徽省重点文物保护单位。

巴文娟漪澜轩

位于歙县徽城镇渔梁街马巷，紧靠宜振堂的西侧墙，建于明代。占地面积188.7平方米。为住宅的居住和书房部分。宅分三进，头进天井内有一根高约3米的石笋，秀丽挺拔。堂屋为天花，做船篷轩，『漪澜』由此得名。2006年被列为歙县重点文物保护单位。

白果厅

位于歙县坑口乡柔川村，建于清代。坐东南朝西北，五开间三合院楼屋。占地面积约150平方米。左侧厢外附一楼梯间，右侧厢朝前开大门。全堂梁柱皆用白果木，厢廊屏风、窗栏、斜撑等处雕刻极为精美。2006年被列为歙县重点文物保护单位。

白果厅

位于婺源县江湾镇江湾村，建于清乾隆年间。占地面积300平方米。房屋的梁、柱、板壁和厢门皆用白果木制成，据说不结蜘蛛网，也不生蚊虫。雕饰精美，庭院幽雅，堂匾『澹远轩』，是主人读书会客之所。2005年被列为婺源县重点文物保护单位。

百忍堂

位于江湾镇下晓起村，建于明洪武年间。占地面积281.02平方米，原名『长至会』，是村中长辈议事之所，也是村中最古老的房屋。三进二天井，每进三间两厢，门楣上的图案为『百忍图』，人物刻画神情传真，寓意深远。2006年被列为婺源县重点文物保护单位。

包仁平宅

位于黟县宏村镇雉山村卢村组，建于清代。坐北朝南，开间10.3米，进深13.85米，占地面积142.7平方米，三开间上下厅（有天井）二层建筑，右厢上楼，木构架及雕刻较好。

宝善堂

位于歙县三阳镇三阳村高山自然村，建于清代。二进三开间一明堂。通面阔6.9米，通进深9.35米，占地面积64.5平方米。有砖雕门楼，有木雕梁柁，二层。

宝善堂

位于婺源县秋口镇李坑村，建于清末。占地面积206平方米。为茶商李敬明宅。李敬明乐善好施，受人尊敬。此宅门前有个小院，开有偏门。正屋大门为石库门，门罩砖雕精美。正堂房梁木雕装饰，楼上沿天井建有美人靠。2002年被列为婺源县重点文物保护单位。

宝善堂

位于歙县石门乡石门村三组215号，建于清代。一进三开间。通面阔16.2米，通进深8米，占地面积129.6平方米。木质结构，有木雕，有楼，窗里镶鱼鳞片，2个斜撑有龙。

宝善堂

位于歙县杞梓里镇外磻村，建于清初。三进二天井。通面阔14.35米，通进深22.65米，占地面积约325.03平方米。

保艾堂

位于歙县郑村镇棠樾村，建于清嘉庆初年。两淮盐务总商鲍志道、鲍漱芳宅第。建成时有108间房、36个天井，按八卦方位避凶就吉布局，间以防火巷相隔，是当时徽州地区最大的一幢住宅。现仅存正厅『白果厅』，坐南朝北。通面阔11.99米，通进深16.28米。三开间四合式，正厅前檐设卷，后为人字形梁架，上覆草架。梁架结构不同于徽州传统做法，其梁、枋、柱都呈断面不大、粗细接近的圆柱形，椽子也为圆形断面，带有扬州地方风格。2013年被列为全国重点文物保护单位。

鲍成华、鲍跃平宅

位于歙县上丰乡蕃村，建于清代。坐北朝南，一进三开间两过厢楼房。通面阔9.7米，通进深7.1米，占地面积68.9平方米。朝东开边门出入。天井两侧有廊。

鲍楚玉宅

位于歙县许村镇许村前溪007号，建于明末。坐西朝东，分前后两大块，中间有砖砌墙。前进通面阔9.5米，通进深8.3米，占地面积78.85平方米。后进为一梯形，占地面积48.5平方米。前进为二进三开间楼房，有格子门四扇。后进为独间，南北有板壁相隔，无住房。

鲍川琳村52号宅

位于歙县徽城镇，建于清末。坐北朝南，砖木二层结构。通面阔10.2米，通进深14.86米，占地面积152平方米。格子窗有雕刻，内有天井，地面铺砖。

鲍传义、鲍和平宅

位于徽州区潜口镇蜀源村，建于清代。坐西南朝东北，建筑面积118.36平方米。三间一进二层楼房，上堂为三间明间厅，两次间房，大方砖斜铺地。楼上明间厅，两次间住房，有两阁厢，屋面无望，楼城木板装修，坎上花格子门装修。

鲍德奎宅

位于歙县富堨镇中溪村高山组，建于清代。坐西朝东，一进三开间楼房。通面阔8.15米，通进深6米，占地面积51平方米。宅北是厨房。宅正面有漏窗，梁架简单，无雕刻。

鲍芳荣宅

位于黟县碧阳镇星火村闾山组，建于清末。坐东朝西，开间9.6米，进深9.2米，占地面积88.3平方米，三开间二层建筑，有天井。砖木结构，木构架承重，木构架、装修等较完整，构配件、隔扇门窗等较完整，天花板彩绘鲜明。

鲍观六宅

位于歙县上丰乡蕃村，建于清代。坐西朝东，二进三开间楼房。通面阔5.1米，通进深7.35米，占地面积37.5平方米。砖雕门楼。

鲍光辉等宅

位于歙县富堨镇承狮村富溪组，建于清代。坐北朝南，二进三开间楼房。前进面阔10.6米，进深8.9米，后进面阔10.6米，进深9.1米。前后进占地面积190.8平方米。有门楼。

鲍桂顺、鲍庆琳宅

位于歙县上丰乡蕃村，建于清代。坐西朝东，二进三开间楼房。通面阔7.8米，通进深10.8米，占地面积84.24平方米。上下堂有厢房，天井两侧有廊，砖雕门楼，门前有小院。

鲍国强宅

位于黄山区新丰乡新丰村中心组，建于清代。一进三开间楼房，门向东，占地面积79.6平方米，高约7.5米，木架结构穿斗式，斜方格纹水门汀地面，前为天井，板壁墙，天棚望板。

鲍海云宅

位于歙县上丰乡蕃村，建于清代。坐西朝东，一进三开间楼房。通面阔8.4米，通进深4.5米，占地面积37.8平方米。大门有简易门楼。

鲍和桂宅

位于徽州区潜口镇蜀源村六组，建于清代。建筑面积125.29平方米。一进三开间二阁厢二层楼房，楼下三间，明间作厅，两次间住房。楼上坎上有挑出不足半米的短栏杆，栏杆内为隔扇门装修，楼上大方砖铺地，屋面全部望板。

鲍宏坚宅

位于歙县郑村镇堨田村十一组，建于清代。坐北朝南，一进三开间楼房。通面阔8.5米，通进深16米，占地面积136平方米。内部倒塌，破损严重。门罩有砖雕。

鲍欢喜宅

位于歙县上丰乡蕃村，建于清代。坐西朝东，一进三开间二过厢。通面阔10.1米，通进深8.8米，占地面积81.8平方米。天井两侧有廊，砖雕门楼。

鲍家大屋

原位于徽州区岩寺镇，2011年迁入岩寺新四军军部旧址纪念馆，建于清末。坐北朝南，建筑面积190平方米。三开间上下对堂二层建筑。下堂三间，明间为厅，石灰地面，两次间为房，中为天井，青石板铺砌。上堂三间，明间为厅，两次间为房，明间石灰地面。楼上走马楼，明间为厅，两次间为房，房间前均有走廊，屋面有天花，前檐铺望板。曾为新四军兵站，是新四军军部旧址的组成部分被列为全国重点文物保护单位。2013年作为岩寺新四军军部旧址之一。

鲍家福宅

位于歙县深渡镇深渡老街，建于清代。坐北朝南，二层二进三开间二厢房。通面阔9米，通进深10.2米，占地面积91.8平方米。上下对堂，中间天井，天井左边开大门，右边后门设有楼梯。内部木板装饰，有木雕花格窗门和梁柁。大门顶挑檐，镶青砖，粉墙。

鲍家花厅

原位于徽州区岩寺镇，2011年迁入岩寺新四军军部旧址纪念馆，建于清末。坐北朝南，建筑面积202平方米。三开间二对堂平房。前为门厅，大门开在正面居中处。明间青石板铺平，两次间装房。天井两庑均一披水，无装修。上堂一脊翻两堂，脊前三间为一厅，脊后明间为厅，两次间为房，明间大方砖铺地。屋架上饰天花板，前后檐口和两庑檐口均饰望板。新四军军部旧址之一。2013年作为岩寺新四军军部旧址的组成部分被列为全国重点文物保护单位。

鲍家华宅

位于徽州区潜口镇蜀源村六组，建于清代。建筑面积118.59平方米。一进三开间二层楼房，明间厅，西厢装房，两边房天井红石铺砌，厅堂长条砖铺地。楼梯在壁后，由东向西登临，楼上与楼下布局一样，屋面无望。

鲍家庄众宅

位于歙县徽城镇鲍川村鲍家庄，建于清代。坐北朝南，二进三开间楼房。通面阔10.2米，通进深15.8米，占地面积161.2平方米。大门有门楼，门楼已坏。

鲍建华宅

位于歙县上丰乡蕃村，建于清代。坐西朝东，二进三开间楼房。通面阔5.1米，通进深11米，占地面积56.1平方米。天井两侧有廊，砖雕门楼。

鲍建荣宅

位于歙县上丰乡蕃村，建于清代。坐西朝东，一进三开间楼房。通面阔9.4米，通进深6.3米，占地面积59.2平方米。砖雕门楼。前有门套。

鲍建文宅

位于歙县上丰乡蕃村，建于清代。坐西朝东，一进三开间二过厢楼房。通面阔13.9米，通进深7.35米，占地面积102.2平方米。砖雕门楼。

鲍金花等宅

位于歙县徽城镇南源口村王村茂自然村，建于清代。坐东朝西，二层，砖木结构。通面阔6.85米，通进深4.1米，占地面积约28.1平方米。

鲍金花二号宅

位于歙县徽城镇南源口村王村茂自然村，建于清代。坐南朝北，一进三开间二层楼房。通面阔8.28米，通进深7米，占地面积约58平方米。砖木结构，有木雕、砖雕。

鲍金花一号宅

位于歙县徽城镇南源口村王村茂自然村，建于清代。坐北朝南，二层，砖木结构。通面阔5.3米，通进深5.4米，占地面积约25.6平方米。

鲍锦瑞宅

位于歙县上丰乡蕃村，建于清代。坐西朝东，一进三开间楼房。通面阔8.95米，通进深5.15米，占地面积46.1平方米。砖雕门楼，前有门套，套门朝南开，套门上有八卦木雕等。

鲍锦桃宅

位于歙县上丰乡蕃村，建于清代。坐西朝东，一进三开间二过厢楼房。通面阔9.6米，通进深5.5米，占地面积52.8平方米。砖雕门楼。

鲍进炎宅

位于黟县碧阳镇黄村古筑组，建于清末。坐北朝南，开间9.3米，进深9.4米，占地面积87.4平方米，三开间二层建筑。砖木结构，有彩绘天棚，雕刻较好。

鲍巨生宅

位于徽州区潜口镇蜀源村五组，建于清代。建筑面积146.02平方米。二进三开间二层楼房，前进无天井，明间厅，次间住房，后进为小三间起楼，进深很浅。楼上三间，明间厅，次间住房，大方砖铺地，屋面有望砖。

鲍康辉宅

位于黟县碧阳镇星火村陈闾组，建于清末。坐北朝南，开间9.1米，进深7.4米，占地面积67.3平方米，三开间二厢二层建筑，有天井。砖木结构，木构架承重，木构架、装修等较完整，天花彩绘完好。

鲍来祥宅

位于歙县上丰乡蕃村，建于清代。坐西朝东，一进三开间楼房。通面阔5.7米，通进深5.75米，占地面积32.8平方米。

鲍立成宅

位于歙县上丰乡蕃村，建于清代。坐西朝东。通面阔4.95米，通进深4.15米，占地面积20.54平方米。

鲍利建宅

位于歙县徽城镇渔梁街103号，建于清代。坐北朝南。通面阔6.3米，通进深12米，占地面积76平方米。砖木结构，格子窗，木门。

鲍利正宅

位于歙县上丰乡蕃村，建于清代。坐西朝东，一进三开间楼房。通面阔8.3米，通进深5.3米，占地面积约44平方米。砖雕门楼。

鲍连生宅

位于歙县上丰乡蕃村，建于清代。坐西朝东，一进三开间楼房。通面阔5.8米，通进深4.1米，占地面积约23.8平方米。二楼外面不用砖，全部用木板装隔（指正门上方）。

鲍林彬宅

位于歙县富堨镇中溪村高山组，建于清代。坐北朝南，一进三开间楼房。通面阔9.3米，通进深5.5米，占地面积51.2平方米。有简易门楼，内部梁架简单，无雕刻。

鲍青花宅

位于歙县上丰乡蕃村许家自然村，建于清代。坐东北朝西南，一进三开间二过厢楼房。通面阔9.9米，通进深7.8米，占地面积77.2平方米。室内木雕精美，砖雕门楼，有门套。

鲍秋英等宅

位于歙县徽城镇问政村，建于清代。坐西朝东。通面阔10米，通进深6.5米，占地面积65平方米。二进，后进已坍塌。

鲍胜年等宅

位于歙县上丰乡蕃村，建于清代。坐西朝东，一进三开间二过厢楼房。通面阔8.7米，通进深7.4米，占地面积64.4平方米。有简易砖雕门楼。

鲍世德宅

位于徽州区呈坎镇呈坎村溪东街，建于清代。坐东朝西，建筑面积100.17平方米。大门砖砌门罩，贴铁皮包镶，一披水内门廊。前进三间为厅，后进明间为厅，楼梯在后天井南廊，天井沿口有精致木雕刻，包括『鹰、渔、樵、耕、读』『罗汉』圆斜撑，隔扇正方形开光，原装有玻璃，两廊槛墙绘有彩色图案，木作都有髹饰。北廊朝巷外开有边门。2001年作为呈坎村古建筑群的组成部分被列为全国重点文物保护单位。

鲍四益宅

位于歙县上丰乡蓄村，建于清代。坐西朝东，一进三开间二过厢楼房。通面阔8.7米，通进深5.8米，占地面积50.5平方米。砖雕门楼。

鲍为民宅

位于黟县碧阳镇南屏村，建于清代。坐东朝西，开间9.35米，进深7.4米，占地面积69.2平方米，三开间二层建筑，砖木结构，木构架承重。

鲍文斌宅

位于歙县郑村镇棠樾村后街，建于清代。即承启堂。通面阔9.6米，通进深15.8米，占地面积151.7平方米。原规模宏大，纵向三进，现存前进一厅堂和东边避弄，砖木结构。有格子窗门。大门有门楼，门楼有精美砖雕。

鲍锡悦宅

位于黟县碧阳镇星火村陈闾组，建于清代。坐北朝南，开间9.3米，进深7.6米，占地面积70.7平方米，三开间二厢二层建筑，有天井。砖木结构，木构架承重，房屋木构架、装修较完整。

鲍小季、吴宏福宅

位于歙县许村镇前村东山三组，建于清代。坐北朝南，二进三开间楼房。通面阔9.3米，通进深11.5米，占地面积107平方米。有天井，门楼有砖雕，保存基本完整。

鲍小芝宅

位于徽州区潜口镇唐模村四组，建于清代。坐北朝南，建筑面积98.32平方米。一进三开间二层楼房。正堂大方砖斜铺，明间厅，次间房。楼上格子门装修，檐口有丁字拱，屋面有望板，有天花板。

鲍小枝宅

位于歙县上丰乡蓄村，建于清代。坐西朝东，一进三开间楼房。通面阔8.15米，通进深6.6米，占地面积53.79平方米。砖雕门楼。

鲍雪聪宅

位于徽州区岩寺镇上朱村上横街，建于清代。坐北朝南，建筑面积277.26平方米。二进三开间，前后两个四合院二层楼房。前进正屋三间显厅，有楼，前檐有腰檐。后进上下对堂，明间厅，两次间房。楼上三间，前后进走马楼，每间双开格子门，屋面铺望砖。

鲍宜和宅

位于歙县上丰乡蕃村，建于清代。坐西朝东，一进三开间楼房。通面阔8.4米，通进深5.9米，占地面积49.6平方米。门前有院。大门上方有漏窗。

鲍银富宅

位于歙县上丰乡蕃村，建于清代。坐西朝东，一进三开间楼房。通面阔5.9米，通进深4.2米，占地面积约24.8平方米。

鲍玉允、鲍家勤宅

位于徽州区潜口镇蜀源村中二组85号，建于清代。坐西朝东，建筑面积192.03平方米。一进三开间二层楼房，大门开在正面，有门廊，进门即天井，天井狭长。楼下明间作厅，两厢辟为住房。楼上三间，坎上为隔扇门，屋面无望。

鲍云飞宅

位于歙县雄村镇雄村山斗组，建于清末。坐南朝北，一进三开间。通面阔9.6米，通进深8.3米，占地面积79.68平方米。二层楼房。一层楼门面砖墙结构，上有漏窗。二层楼门面为木结构。有格子窗，有方形石柱础，有两个小冬瓜梁。

鲍灶斌宅

位于徽州区潜口镇蜀源村，建于清代。坐西朝东，建筑面积169.48平方米。三间上下对堂，下廊一层，上堂二层楼房。下廊三间两边房，上堂楼下三间为显厅。楼上小方砖铺地，上有望砖，两次间住房，明间前沿坎上装有隔扇门。

鲍正星宅

位于徽州区潜口镇蜀源村，建于清代。坐西朝东，建筑面积106.5平方米。一进三开间带二阁厢楼房。进院有小廊一间，出院为正屋大门口，大门开在正中，有砖门罩。明厅为厅，两次间为房。楼上有窗扇和窗栏板，两厢均有隔扇窗。

鲍智仁、鲍国荣宅

位于歙县上丰乡蕃村，建于清代。坐西朝东，二进三开间楼房。通面阔8.5米，通进深11.2米，占地面积95.2平方米。砖雕门楼，门前有院。天井两侧有廊。

鲍忠远宅

位于歙县郑村镇堨田村六组，建于明代。坐北朝南，二进三开间。通面阔9.5米，通进深17米，占地面积161.5平方米。大门红麻石，门罩有砖雕。冬瓜梁，有雕刻梁撑，有格子窗。二楼有格子门，前进厅堂青砖、石板铺地，后进厅堂木板铺地，两天井石头铺地。

毕德修宅

位于歙县郑村镇棠樾村，建于明初。坐南朝北，平面田字形，俗称『官升格』，通面阔6米，通进深8.6米，占地面积51.3平方米。东北间为门厅，西北间为住房。底层较矮，额枋月梁形，两端有丁头拱，上架密搁栅，承楼板。楼上梁架俱为穿斗式，隔断有芦苇墙、『一板一栿』等样式，瓜柱为明代鹰嘴榫样式。当时为平民住宅。西半部『土改』后分为毕德修宅，现归国有。2013年被列为全国重点文物保护单位。

毕观林宅

位于歙县徽城镇新路街49–7号，建于清代，光绪年间重修。坐西朝东，一进三开间。通面阔9米，通进深8.1米，占地面积73平方米。二层结构，格子门窗，有天井。

毕金林等宅

位于黄山区三口镇白果村伊塘组，建于晚清。占地面积111.87平方米。二进三开间，走马楼式，高约5.5米，木架结构穿斗式，水门汀地面（斜方格纹饰），地沟式天井，板壁墙，天棚望砖。天井上檐斜撑残存4个（原为8个），梁柱多为白果木、松木。

毕兰英宅

位于歙县徽城镇问政村，建于清代。坐北朝南，二进三开间。通面阔4.87米，通进深12.46米，占地面积117平方米。有天井，砖木结构。有木雕。砖雕门楼。

毕朋贵、毕发达宅

位于黄山区龙门乡龙源村毕家组，建于清代。一进三开间，占地面积84.24平方米，高约6.3米，木架结构穿斗式，斜撑水门汀地面，平铺式天井，板壁墙，天棚望板，斜撑8个，门扇、花隔窗均存。

毕秋海宅

位于休宁县源芳乡渔临行政村村中央，建于清代。占地面积72.63平方米。坐东朝西，一进三开间，门罩砖雕较简单，柱础呈石鼓状，木隔扇窗饰方格，裙板雕花卉、土龙及『寿』字，斜撑雕变形龙及『寿』字，雀替雕花卉，平盘斗刻人物。

毕胜利宅

位于徽州区潜口镇唐模村上庄，建于清代。坐北朝南，建筑面积148.95平方米。三开间上下对堂二层楼房，门厅三间，明间厅，两次间房。上堂三间，明间厅，次间房。楼上三间，明间厅，次间房，屋面铺望砖。

毕顺生宅

位于歙县郑村镇棠樾村天灯巷内，建于明末清初。通面阔9.03米，通进深8.12米，占地面积73.3平方米。装修考究，隔扇门窗制作精美，房间窗户外加饰窗栏，上雕宝瓶；楼上两厢向外挑出一道小花栏，精巧别致；板壁隔断采用『一板一栿』样式，栏板地栿做成圭脚，保留明代风格。方形讹角檐柱上，挑檐的插拱已演变为简单的斜撑，有过渡意味。木结构上有彩绘。2013年被列为全国重点文物保护单位。

毕屯生宅

位于休宁县源芳乡渔临行政村，建于清代。占地面积58.72平方米。坐东朝西，一进三开间。柱础方形，地面铺青石板，雀替雕土龙，木隔扇窗饰简单几何纹。

毕文甫宅

位于黟县碧阳镇古黄村黄村组，建于清代。坐东朝西，开间8.85米，进深8.7米，占地面积77平方米，一进三开间一天井二层建筑，天井完好，隔扇门窗保存较好。

毕业中等宅

位于歙县徽城镇旸村，建于清代。坐北朝南，二进三开间。通面阔10.5米，通进深14.6米，占地面积154平方米。有天井和木雕。大门有简易门楼。

毕灶宝等宅

位于歙县徽城镇问政村，建于清代。坐北朝南，二进三开间楼房。通面阔10.2米，通进深12米，占地面积122.4平方米。中间有天井，有小冬瓜梁。部分倒塌，大门有砖雕门楼。

碧园

位于黟县宏村镇宏村，建于清光绪年间。建筑面积409平方米。坐东朝西，建筑内水榭与大厅完美结合，整幢建筑朴实洗练，楼厅窗扇规整明快，登高远眺，山峦河流尽收眼底，庭院设置巧妙，二楼三间式建筑。宏村典型的民宅塘式庭院。2001年被列为全国重点文物保护单位。

蔡国保宅

位于黟县碧阳镇赤岭村，建于清代。坐东朝西，开间9.3米，进深6.85米，占地面积63.7平方米，三开间二层建筑，有天井。砖木结构，木构架承重，木构配件、隔扇门窗等较好。

蔡忠义宅

位于绩溪县瀛洲镇仁里村200号，建于晚清。坐东北朝西南，占地面积86平方米。一进三开间二层楼房。正厅两边为厢房，两边厢房的柱子皆为方柱，二楼有木板栅栏装置，芦苇砌墙，硬山屋顶，外围封火墙，三合土地坪。室内的柱子有太平天国时期留下的刀痕。

沧山源众宅

位于歙县昌溪乡沧山源村，建于清代。坐西北朝东南，一进三开间。通面阔8.4米，通进深10.5米，占地面积88.2平方米。屋内木雕板精致。

操满香宅

位于祁门县箬坑乡下汪村。坐北朝南，徽派砖木二层结构，跑马楼式，中设天井，东西对开，木雕仅存花窗，整体布局紧凑，面阔7.9米，进深13.7米，占地面积108平方米。

操小香宅

位于祁门县祁山镇东街社区右横街9-4号。坐西朝东，砖木二层跑马楼式建筑，由门厅、前厅、后厅及前后天井组成。砖雕门罩，石板铺设地面，通面阔10米，通进深（含院子）22米，占地面积220平方米。

曹爱范宅

位于歙县雄村镇雄村，建于清代。坐北朝南，一进三开间二层建筑。通面阔9.7米，通进深5.8米，占地面积56.26平方米。大门口有门庭，内有格子门，大门上有小格子门。

曹葆根宅

位于绩溪县上庄镇旺川村207号，建于清代中后期。坐北朝南，占地面积78平方米。砖木结构，硬山式屋顶，抬梁穿斗并用式梁架。明间为拱形轩顶，属厅式建筑。斜撑、雀替、平盘斗均有精美的雕刻，石柱础为八棱形，做工上乘。

曹秉高宅

位于绩溪县上庄镇旺川村115号，建于清代中后期。坐北朝南，占地面积200平方米，上下对堂，二楼通转，中设天井，撑拱承挑出檐，三合土地坪，砖木结构，外围封火墙。室内的斜撑、雀替雕刻非常精美。

曹炳华宅

位于歙县徽城镇渔梁街36-3号，建于清末。坐西朝东。通面阔10.6米，通进深5.4米，占地面积58平方米。二层，砖木结构。

曹大全等宅

位于歙县雄村镇雄村，建于清代。坐北朝南，二进三开间二层建筑。通面阔9.9米，通进深8.3米，占地面积82.17平方米。二层均为格子窗。

曹大伟宅

位于歙县雄村镇雄村，建于清代。坐北朝南，三进三开间二层建筑。通面阔10.5米，通进深18.5米，占地面积194.25平方米。有两天井。

曹德生宅

位于歙县王村镇八村文川自然村，建于明代。二进三开间二层砖木结构。通面阔11.1米，通进深14.1米，占地面积156.51平方米。大门朝东，与曹宅老宅并排而立。

曹定煌宅

位于绩溪县长安镇坦头村，建于清末。坐东朝西，占地面积151平方米。前后三进，前进为上下对堂，二楼通转，前檐置一天井，撑拱承挑出檐，三合土地坪；后进为附属房，后檐墙置一天井，室内的斜撑、雀替雕刻非常精美，保存完整。

曹观林等宅

位于歙县雄村镇雄村十六组，建于清代。坐北朝南，二进五开间。通面阔14.17米，通进深9.43米，占地面积138.62平方米。大门口有门楼，一层平房。

曹观霞宅

位于歙县雄村镇雄村，建于清代。坐南朝北，一进三开间二层建筑。通面阔9.5米，通进深6.95米，占地面积66.03平方米。较破旧。

曹国红等宅

位于歙县璜田乡下璜村上村组，建于清代。坐北朝南，二进三开间。通面阔10米，通进深12.3米，占地面积123平方米，均为硬山顶，青瓦盖顶。

曹国其宅

位于歙县璜田乡下璜村上村组，建于清代。坐北朝南，二进三开间。通面阔11.5米，通进深8米，占地面积92平方米。皆为硬山顶，青瓦盖顶。

曹国勤宅

位于歙县雄村镇夏坑村，建于清代。坐西朝东，三进三开间二层建筑。通面阔13米，通进深11米，占地面积143平方米。无门楼，无砖雕。格子窗损坏，少部分格子门留存。屋瓦有些许破烂，墙体有裂缝，部分倒塌。

曹吉普等宅

位于歙县雄村镇夏坑村，建于明代。坐北朝南，三进三开间二层建筑。通面阔13.2米，通进深10.85米，占地面积143.2平方米。大门口有门楼，门楼上无砖雕。有格子窗，部分损坏。二层走廊多处损坏。两边有厢房。

曹继文等宅

位于歙县雄村镇雄村联丰组，建于清代。坐北朝南，一进三开间二层建筑。通面阔9.6米，通进深5.9米，占地面积56.94平方米。大门口已破坏，部分雕花格子窗已损坏，部分墙体倒塌。

曹进才宅

位于歙县雄村镇雄村，竹山书院西侧，建于清代。坐北朝南，一进三开间二层楼房。通面阔11米，通进深7.55米，占地面积83.05平方米。简易砖门楼，简易格子窗，瓦下有望砖。

曹静华宅

位于歙县徽城镇南源口村，建于清代。坐北朝南，二层，二进三开间。通面阔13.91米，通进深12.4米，占地面积172.5平方米。两天井。大门有门楼，门楼上的砖雕有损坏。

曹静中二号宅

位于歙县徽城镇南源口村，建于清代。坐北朝南，二进三开间一天井二层建筑。通面阔10米，通进深20.4米，占地面积204平方米。大门有门楼，门楼有精美砖雕。

曹静中一号宅

位于歙县徽城镇南源口村，建于清代。坐北朝南，二进三开间楼房。通面阔9.2米，通进深12.6米，占地面积115.9平方米。一天井。

曹来仙宅

位于歙县雄村镇雄村，建于清代。坐北朝南，二进三开间二层建筑。通面阔9.25米，通进深8.25米，占地面积76.3平方米。房屋结构比较简单。

曹立传宅

位于绩溪县上庄镇石家村7号，建于清代中期。坐南朝北，占地面积230平方米。前后两进，前进为上下对堂二楼通转，东西厢房，中置天井，后进为厅式客厅，人字轩顶。大门设在建筑的西侧，门楼上书有『朱簾捲雨』字样，第二道圆门上书有『山光水色』字样，很有书卷气。雕刻精美。

曹联中等宅

位于歙县雄村镇雄村，建于清代。坐北朝南，一进三开间二层建筑。通面阔9.55米，通进深7.78米，占地面积74.3平方米。大门口有门楼无砖雕，厅堂两侧有厢房，有窗户和花雕，有损坏。

曹良萍宅

位于徽州区潜口镇坤沙村，建于清代。建筑面积776.2平方米。三间二厢二层楼房。明间作厅，铺有木地板，两次间作房。楼上有大方砖铺地，屋面望砖，隔断有芦苇墙，两次间窗口有突出的窗栏。

曹铭远宅

位于歙县雄村镇雄村，建于清末。坐北朝南，一进三开间。通面阔10.9米，通进深10米，占地面积109平方米。有石鼓、格子窗，四面皆民宅。

曹念谐宅

位于歙县雄村镇雄村，建于清代。坐北朝南，三进二开间二层建筑。通面阔4.1米，通进深10.65米，占地面积43.7平方米。无砖雕，无木雕。

曹庆其等宅

位于歙县雄村镇航步村，建于清代。坐北朝南，一进三开间二层建筑。通面阔10.4米，通进深5.75米，占地面积59.8平方米。有格子窗、梁柁，有石础、斜撑。

曹润竹宅

位于歙县雄村镇雄村，建于清代。坐南朝北，三进三开间。通面阔11.5米，通进深11.6米，占地面积133.4平方米。大门口的门楼上有两处简易砖雕，房内窗户、梁有损坏，无其他木雕。现堆放杂物，后有附属用房，两边有厢房。

曹尚儒宅

位于歙县雄村镇航步村，建于清末。坐西朝东，一进三开间。通面阔9.8米，通进深6.9米，占地面积67.62平方米。有冬瓜梁，梁撑有花格板。有石础，有格子窗。大门、楼板被修建过。

曹社鹏宅

位于歙县雄村镇雄村，建于清代。坐东朝西，一进三开间二层建筑。通面阔11.6米，通进深4.95米，占地面积57.42平方米。一层有斜撑、格子窗。二层窗户多处有损坏。

曹生健宅

位于歙县雄村镇雄村十五组，建于清代。坐北朝南，二进三开间。通面阔8米，通进深10.7米，占地面积85.6平方米。大门朝东，后进已毁，仅存前进。有木雕。门楼上有砖雕，雕有鹤、狮等。

曹胜利宅

位于歙县雄村镇航步村，建于明代。坐北朝南，一进三开间楼房。面阔9.8米，进深5.6米，占地面积54.9平方米。有格子门窗，原有二进三开间，已拆改建为一进。

曹氏老宅

位于休宁县海阳镇齐宁社区东青巷14号，建于清代。占地面积282.9平方米。坐西朝东，现存两进及偏厅。青石门洞，一进为大厅，地面铺红砂石，柱础圆鼓状，雕刻精美，雀替雕刻人物、花草，斜撑雕倒挂狮，平盘斗雕人物；二进为三开间，方形青砖铺地，雀替、斜撑、木隔扇窗雕花草；偏厅为三开间，雀替雕花草，斜撑雕倒挂狮。

曹守仁宅

位于歙县雄村镇雄村，建于清代。坐东朝西。通面阔9.5米，通进深25米，占地面积237.5平方米。大门口有砖雕门楼，部分有损坏。2006年被列为歙县重点文物保护单位。

曹受楠宅

位于歙县雄村镇雄村十一组，建于清代。坐南朝北，二进三开间。通面阔8米，通进深13.75米，占地面积110平方米。大门口有门楼，边门也有门楼，厅堂内有格子窗、格子门。

曹水龙宅

位于祁门县安凌镇五星村城坦组35号，建于清末。坐西北朝东南，砖木二层一厅四厢三开间，中设天井采光通风，下置明堂，屋内无雕刻，青石板铺设地面。通面阔9.8米，通进深9.6米，占地面积94平方米。

曹四平宅

位于歙县雄村镇夏坑村，建于清代。坐北朝南，二进三开间二层建筑。通面阔8.9米，通进深9.25米，占地面积82平方米。大门口有门楼，无砖雕。一层有格子窗，部分有损坏。石础边有石雕。

曹颂衡宅

位于歙县雄村镇雄村，建于清代。坐南朝北，主楼三进三开间。通面阔14.3米，通进深38.2米，占地面积546.3平方米。有楼，两边有厢房，后有附属用房。大门口有门楼，门楼有简易雕饰。雀替、斜撑有雕刻。保存较完整。2006年被列为歙县重点文物保护单位。

曹潭宅

位于歙县雄村镇雄村联丰组，建于清代。坐西朝东，三进三开间二层建筑。通面阔9.4米，通进深13.9米，占地面积130.66平方米。两边有厢房，有格子窗。二楼有斜撑。二楼走廊有损坏。格子窗部分已损坏。

曹文吉宅

位于歙县雄村镇雄村山坞组，建于清代。坐西朝东，一进三开间二层建筑。通面阔9.1米，通进深7.85米，占地面积71.4平方米。有格子窗，大门上有门楼。

曹稀宅

位于歙县雄村镇雄村，建于清代。坐南朝北，二进三开间二层建筑。通面阔9.6米，通进深10.1米，占地面积96.96平方米。两边有厢房，格子窗。受白蚁侵害，格子门有损坏。

曹宪二号宅

位于歙县雄村镇雄村，建于清代。坐北朝南，二进三开间二层建筑。通面阔 10.35 米，通进深 8.3 米，占地面积 85.9 平方米。一、二层有格子窗。大门口有门楼，有简易砖雕。

曹宪一号宅

位于歙县雄村镇雄村，建于清代。坐西朝东，一进三开间二层建筑。通面阔 10.55 米，通进深 3.95 米，占地面积 41.7 平方米。一楼格子窗有损坏。现存少许木雕，大部分被改装成玻璃。

曹小荷等宅

位于歙县徽城镇南屏村忠堡自然村，建于清代末期。坐北朝南，一进四开间二层建筑。通面阔10米，通进深6米，占地面积约60平方米。有门楼和砖雕，柱础雕花。

曹小华宅

位于歙县雄村镇雄村，建于清代。坐南朝北，二进三开间二层建筑。通面阔9.5米，通进深15.8米，占地面积150.1平方米。有花窗，大门内有扇板门，有冬瓜梁，东西两面柱子与墙面间隔30厘米。上下堂都装有厢房，每根木柱下面皆有石础。2006年被列为歙县重点文物保护单位。

曹晓宅

位于歙县雄村镇雄村，建于清代。坐北朝南，二进三开间二层建筑。通面阔8.85米，通进深12.1米，占地面积107.08平方米。上下堂皆装有厢房。

曹秀琴宅

位于黄山区三口镇汪家桥村风景组，建于清末。二进三开间(假三进)，高约6米，占地面积179.82平方米。木架结构穿斗式，前进有偷柱，后进中柱直接到顶，水门汀地面，平铺式天井，板壁墙，天棚望板。天井处有斜撑8个(有残)。

曹仰熙宅

位于歙县雄村镇雄村，建于清代，民国二十三年（1934）重修。坐北朝南，三进三开间二层建筑。通面阔16米，通进深22.5米，占地面积360平方米。竹山书院南部，东临渐江。

曹养根宅

位于歙县璜田乡下璜村上村组，建于清代。坐北朝南，一进一开间。通面阔5.8米，通进深6米，占地面积34.8平方米。皆为硬山顶，青瓦盖顶。

曹一飞宅

位于歙县雄村镇雄村村十组，建于清代。坐北朝南，一进三开间。通面阔 8.95 米，通进深 7.25 米，占地面积 64.89 平方米。两边有厢房，有格子窗、格子门，有方形石础。一天井。

曹英平宅

位于歙县雄村镇夏坑村，建于清代。坐北朝南，二进三开间二层建筑。通面阔 10.65 米，通进深 7 米，占地面积 74.55 平方米。大门口有门楼，无砖雕。有格子窗。

曹应泉、曹大军宅

位于歙县雄村镇雄村联丰组，建于清代。坐北朝南，二进三开间二层建筑。通面阔10.3米，通进深9.6米，占地面积98.88平方米。大门上有门楼，无砖雕。格子窗有多处损坏。

曹玉林宅

位于歙县璜田乡下璜村下村组，建于清代。坐南朝北，二进三开间。面阔9米，进深6.3米，占地面积56.7平方米。皆为硬山顶，青瓦盖顶。

曹煜中、张利明宅

位于歙县雄村镇雄村，建于清代。坐西朝东，主楼二进三开间二层建筑。楼通面阔12.7米，楼通进深16.5米，占地面积209.55平方米。西边有厢房，有斜撑。保存一般。

曹云香宅

位于歙县雄村镇雄村十组，建于清代。坐北朝南，一进四开间二层建筑。通面阔10.7米，通进深7.1米，占地面积75.9平方米。有格子窗，有方形石础，两边有厢房。

曹至生宅

位于歙县雄村镇雄村，建于清代。坐北朝南，二进三开间二层建筑。通面阔9.5米，通进深6.7米，占地面积63.65平方米。有斜撑。二层有格子窗。一天井。

曹志义宅

位于歙县雄村镇雄村联丰组，建于清代。坐北朝南，二进三开间二层建筑。通面阔10.30米，通进深7.83米，占地面积80.65平方米。大门口有门楼，上无砖雕。两边有厢房，天井东侧有雕花花板，部分有断裂。一楼厢房有格子窗。

曹中兴宅

位于绩溪县上庄镇旺川村113号，建于清代中后期。坐北朝南，占地面积205平方米，前后两进，前进为上下对堂，二楼通转，中设天井，撑拱承挑出檐，东西厢房，后进为附属房。大门的门楼上饰砖雕门罩，大门内有木质照墙。

曹忠林宅

位于歙县雄村镇雄村，建于清代。坐北朝南，三进二开间二层建筑。通面阔8.4米，通进深6.89米，占地面积57.9平方米。大门口有门楼，无砖雕。一层厢房有格子窗。

曹竹顺宅

位于歙县雄村镇雄村，建于清代。坐北朝南，二进三开间二层建筑。通面阔8.6米，通进深7.87米，占地面积67.7平方米。大门口有门楼，无砖雕。有天井，有格子窗。多处被损坏。

曹助盛宅

位于绩溪县上庄镇旺川村30号，建于清末。坐北朝南，原为三进二层建筑，现存前、后两进。前进面阔3间，进深4间，占地面积144平方米。硬山屋顶，砌封火墙，抬梁穿斗并用式梁架，撑拱承挑出檐，前檐设天井，地坪由方砖铺成。内部装修驼峰、雀替、撑拱、隔扇、窗户，皆雕刻精美。

曹子道宅

位于歙县雄村镇雄村，建于清代。坐北朝南，一进一开间二层建筑。通面阔5.55米，通进深6米，占地面积33.3平方米。楼梯分二级，二层楼板有腐烂。

曹子强等宅

位于歙县雄村镇航步村018号，建于清代。三进三开间。通面阔9.1米，通进深16.32米，占地面积148.51平方米。有花板、小冬瓜梁。两天井。有石础。

曹祖望宅

位于绩溪县上庄镇旺川村144号，建于清代后期。占地面积310平方米。坐北朝南，砖木结构，上下对堂，二楼通转，中设天井，硬山屋顶，外围封火墙，穿斗式梁架，方砖铺地，室内的撑拱、雀替、窗户及天井四周的梁枋皆雕刻精美。庭院内有圆形、花瓶式门洞各一。

茶行弄11号宅

位于黟县宏村镇宏村，建于清代中期。占地面积133平方米。坐东朝西，三间二层建筑。木构架完整，南侧为厨房。

长青路36-13号宅

位于歙县徽城镇渔梁社区居委会长青路，建于清末。坐北朝南，砖木结构二层建筑。通面阔5.95米，通进深5.25米，占地面积31平方米。圆柱横梁支撑，地面铺砖。

长青路50-3号宅

位于歙县徽城镇渔梁社区居委会长青路，建于清代。坐北朝南，砖木结构二层建筑。通面阔8.8米，通进深8.1米，占地面积85平方米。门楼有绘画。圆柱横梁支撑，窗户有木雕。

长庆大社

位于徽州区潜口镇蜀源村，建于清代。建筑面积109.93平方米。原为上下两对堂，现在只剩前围护墙和上堂，门阙红岩石，额匾为『长庆大社』。上堂为三间抬梁式厅堂，五架梁，彻明造，条砖铺地。

陈昌伟、陈昌达宅

位于黄山区仙源镇龙山村小北门组，建于晚清。占地面积77平方米。一主宅，右厢附一倚屋组合而成。高约5米。主、附宅均为一进三开间，木架结构穿斗式，斜方格纹水门汀地面，平铺式天井，板壁墙，天棚望砖。主宅天井上檐残存斜撑4个，附宅天井尚存斜撑6个。

陈岱云宅

位于黄山区永丰乡永丰村，建于清代。一进三开间二层建筑。直通三间的前三进，占地面积113平方米。高约7米。木架结构穿斗式，斜方格纹水门汀地面，平铺式天井，板壁墙，天棚望板，卷棚月梁，斜撑4个，小斜撑4个。

陈黛峰宅

位于黟县碧阳镇郭门社区，建于清代。坐西朝东，开间9.95米，进深8.2米，占地面积81.6平方米，三开间带二厢有天井二层建筑。砖木结构，有隔扇、横风窗、木构配件。

陈德光宅

位于歙县徽城镇大北街，建于清末。坐北朝南，一进三开间。通面阔4.55米，通进深13.2米，占地面积60.1平方米。木质结构。单层，格子窗镶玻璃。

陈德之宅

位于祁门县闪里镇坑口村坑三组。坐北朝南，徽派砖木二层一进三开间，砖雕门罩，西侧设边门进出，门边石雕饰有『琴、棋、书、画』图案，前设天井采光通风。通面阔11.6米，通进深7.4米，占地面积86平方米。

陈东胜宅

位于黟县宏村镇雉山村卢村组，建于清末。坐北朝南，开间10米，进深8.05米，占地面积80.5平方米。三开间带二厢（有天井）二层建筑，照壁后上楼，三合土地坪。

陈凤仙宅

位于绩溪县临溪镇孔灵村老街中段西侧，2005年迁至华阳镇上马石村紫园山庄内进行异地保护，建于明代后期。占地面积60平方米，砖木结构，硬山式屋顶，二进三开间二层建筑。上层高下层低，梭形柱，屋内木结构及二楼的美人靠均雕饰简朴。2000年被列为绩溪县重点文物保护单位。

陈光满宅

位于黄山区三口镇白果树村八分里组，建于清末。一进三开间，占地面积100.8平方米，高约5米。木架结构穿斗式，水门汀地面（斜方格纹饰），地沟式天井，板壁墙，中柱直接到顶，天棚望板，后进有阁楼。柱多为白果木，梁椽多为松木，封檐多为杉木。

陈国勇宅

位于黟县宏村镇宏村，建于清代。坐北朝南，占地面积125平方米，建筑面积234平方米，主体部分通面阔9.6米，通进深13米。前后三间二层建筑。

陈华荣宅

位于黄山区甘棠镇甘棠社区西边组村北，建于清代。面积约341.33平方米。二进五开间，正堂有天井，木架结构穿斗式，水门汀地面，屋面有望砖，斜撑8个，月梁1对，梁袱6个，一步梁1对。

陈吉林宅

位于休宁县渭桥乡渭桥行政村老街，建于清代。占地面积175.35平方米。坐东北朝西南，共二进。一进三开间，二进四合，地面铺红麻石，柱础方形，斜撑雕刻瑞兽、喜鹊登梅图案，木隔扇窗饰方格。

陈集中宅

位于祁门县历口镇正冲村。坐东朝西，徽派砖木二层结构，无正大门，北侧设门进出，砖制门罩，前设天井采光通风，天井两侧设有边厢。屋内一组隔扇保存较好，青石、木地板铺设地面。通面阔10.4米，通进深8.5米，占地面积88平方米。

陈继勤宅

位于黄山区耿城镇辅村章村坦组，建于晚清。二进三开间，硬山式，后进前进左右巷有阁楼，高约5.5米。占地面积102.34平方米。木架结构穿斗式，中柱直到顶，水门汀地面，中有天井，平铺式，天棚有望砖。天井上檐有斜撑8个。

陈继松宅

位于祁门县历口镇正冲村，建于清末。坐东朝西，徽派砖木二层一进三开间，砖制门罩，大门朝南开，前设天井采光通风，天井两侧设有边厢，屋隔扇木雕保存较好，青石、木地板铺设地面。通面阔10.4米，通进深10米，占地面积104平方米。

陈继新等宅

位于黄山区三口镇白果树村金星组，建于晚清。占地面积151.8平方米。二进三开间，高5.5米。木架结构穿斗式，水门汀地面（斜方格纹），地沟式天井，板壁墙，天棚望砖，两厢二层有阁楼。柱多为白果木，梁、椽、檐多为松木。

陈家丰宅

位于徽州区西溪南镇石桥村六组，建于清代。坐西南朝东北，占地面积61.47平方米。一进三开间二阁厢二层楼房，正屋三间起楼，明间厅，两次间房。楼上三间分隔，中间厅，次间房，楼城全部木板装修，格子门，屋面无望，檐口装望板。

陈家驹宅

位于徽州区潜口镇澄塘村陈村外二组，建于清代。坐北朝南，占地面积146.42平方米。三开间二阁厢二层楼房，上堂三间，明间厅，次间住房，有雕刻精美的格子窗扇，有花格板。楼上饰天花板，屋面望板，楼上檐口圆雕斜撑，楼下柱头大回纹斜撑。

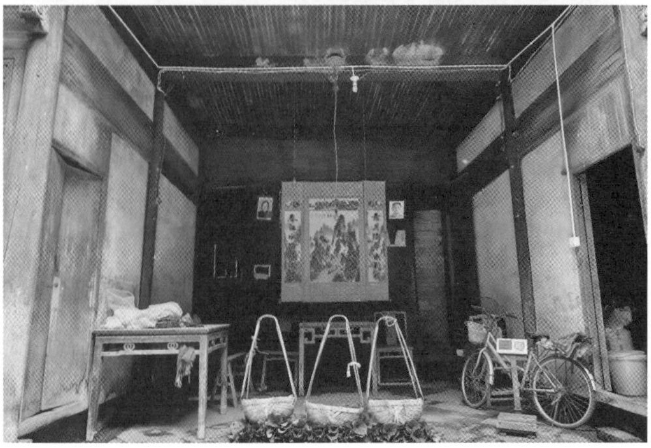

陈建林宅

位于歙县溪头镇洪村口村，建于清末。坐北朝南，一进三开间楼房。占地面积93.6平方米。南侧边开门，两厢房一客厅。两边上楼，正房有附属建筑，正房有门进出。保存完好。

陈将好宅

位于黟县西递镇西递村，建于清咸丰年间。坐西朝东。三开间二层建筑。建筑面积132.6平方米，占地面积103平方米，主体通面阔13.2米，通进深7.8米。

陈皆明宅

位于祁门县小路口镇胜利村永合组021号，建于清代。坐南朝北，堂名『宝善堂』，一厅二厢三开间徽派砖木二层建筑，青石板铺设地面，前设花窗采光通风，门罩正面绘有朱砂人物像，通面阔10米，通进深7.1米，占地面积71平方米。

陈金菊宅

位于黄山区三口镇白果树村山下组，建于清代。占地面积89平方米。二进三开间，天井、墙体、框架、木构件保存完整。天棚望砖。斜撑8个，梁袱6个，花格窗3副。

陈凯军宅

位于祁门县闪里镇桃源村庄里组10号，建于清光绪十年(1884)。坐南朝北，砖木二层结构，面阔9米，进深7.8米，占地面积70平方米。屋内木雕精致，保存完好。

陈立高宅

位于祁门县安凌镇五星村桂家桥组，建于清末。坐西朝东，砖木二层一厅二厢三开间，砖制门罩，前设天井采光通风，屋内无雕刻。通面阔9.8米，通进深7.2米，占地面积71平方米。

陈利华、吴荣光宅

位于歙县昌溪乡昌溪村上田自然村，建于清末。坐西朝东，一进三开间。通面阔 9.7 米，通进深 7.75 米，占地面积 75.2 平方米。内天井，少雕刻，有简易门楼和漏窗。

陈良方、陈河昌宅

位于祁门县闪里镇坑口村磻村 44-45 号，始建于明代，民国二十九年(1940)重建。东西对开走马楼式，中设天井，边门进出，屋内雕刻月梁、雀替。通面阔 9.7 米，通进深 13 米，占地面积 126 平方米。

陈六生等宅

位于歙县许村镇许村东沙015号、016号，建于清代。坐东朝西，一进三开间二层建筑。通面阔9.7米，通进深8.8米，占地面积85平方米。大门上方有漏窗，斜撑、窗栏板等构件有雕刻。

陈满友宅

位于黄山区甘棠镇庄里村刘村自然村，始建于晚清。占地面积约107.37平方米。硬山式，二进三开间，木架结构穿斗式，内墙多用木板壁，前后进均有阁楼。有天棚，望砖。天井处8个斜撑已被拆毁，现存梁袱2个。

陈茂清宅

位于祁门县闪里镇坑口村坑二组。坐北朝南，徽派砖木二层走马楼式二厅四厢，砖雕门罩，东侧设边门进出，中设天井采光通风，青石、木地板铺设地面。通面阔11米，通进深8米，占地面积88平方米。

陈茂新宅

位于祁门县闪里镇坑口村坑二组。坐北朝南，徽派砖木二层前后厅式，前设院落，砖铺地面，屋内木雕精致，局部受损。通面阔10米，通进深10.5米，占地面积105平方米。

陈明高宅

位于黟县宏村镇际村，建于清代。坐北朝南，开间9.77米，进深8.51米，占地面积83.1平方米。三开间带二厢（有天井）二层建筑。大门朝前，后墙门通厨房，照壁后上楼。双面门楼，木构配件及隔扇制作较好。

陈明花宅

位于绩溪县板桥头乡蜀马村21号，建于清代晚期。坐北朝南，一进三开间，由正厅、厨房、庭院三部分组成，房屋前一部分设人字轩顶，后一部分为二层楼房，无天井，木构件完整，屋内厢房的隔扇、斜撑、雀替皆雕刻精美。

陈南生等宅

位于黟县碧阳镇星火村中光组，建于清代。坐北朝南，开间10.35米，进深21.7米，占地面积224.6平方米。二进三开间四厢二层建筑，有天井。砖木结构，木构架承重，木构架、装修较完整，构配件、隔扇制作较好，门楼较完整。

陈其昌宅

位于黄山区三口镇白果树村山下组，建于清代。占地面积135.68平方米。二进三开间。前后进为二层，墙体、框架、斜撑保存完好，水门汀地面，斜撑10个，格子门1副，门窗1副。

陈其智等宅

位于黄山区三口镇白果树村八分里组，建于清末。占地面积201.554平方米。组合式民宅，主宅为二进三开间，附宅为一进三开间，二者均有一天井，皆为木架结构穿斗式，水门汀地面，地沟式天井，板壁墙。主宅有跑马楼，附宅亦有阁楼，主宅前有多间隔间。

陈青发宅

位于祁门县闪里镇坑口村坑一组。坐北朝南，徽派砖木二层一进三开间，砖雕门罩，前设天井采光通风。通面阔9米，通进深6米，占地面积54平方米。

陈秋九宅

位于休宁县海阳镇齐宁社区三板桥巷1号，建于清代。占地面积99平方米。坐西朝东，青石门洞。门罩砖雕人物、花卉、亭台楼阁等。

陈秋乞宅

位于祁门县小路口镇胜利村永合组19号，建于清末。坐南朝北。徽派砖木二层结构，一厅二厢，砖雕门罩，侧面边门进出，青石板铺设地面。通面阔10.1米，通进深8.7米，占地面积88平方米。

陈如海宅

位于祁门县闪里镇坑口村磻村23号，建于清末。坐北朝南。砖木徽派二层结构，二楼设有轩顶，屋内雕梁画栋，并保存有古家具一组，颇为精致。通面阔12.1米，通进深8.8米，占地面积106平方米。

陈瑞祥宅

位于黄山区三口镇白果树村山下组，建于清代。占地面积88.4平方米。二进三开间，框架结构穿斗式，前进天棚为望砖，水门汀地面，后进二层有阁楼，斜撑8个。

陈尚玉宅

位于歙县上丰乡上丰村第六组(下街)，建于清代。二进三开间楼房。通面阔4.6米，通进深11.6米，占地面积53.4平方米。上下堂均为统间。天井两侧有廊。

陈绍荣等宅

位于黄山区三口镇白果树村八分里组，建于清末。二进三开间，占地面积144.16平方米，高约5米，后进有阁楼。梁柱多为白果木，椽、封檐多为松木、杉木。天井上檐有斜撑10个，为狮子戏球、人物、杂宝图案。木架结构穿斗式，水门汀地面，平铺式天井，板壁墙，封檐为望砖。

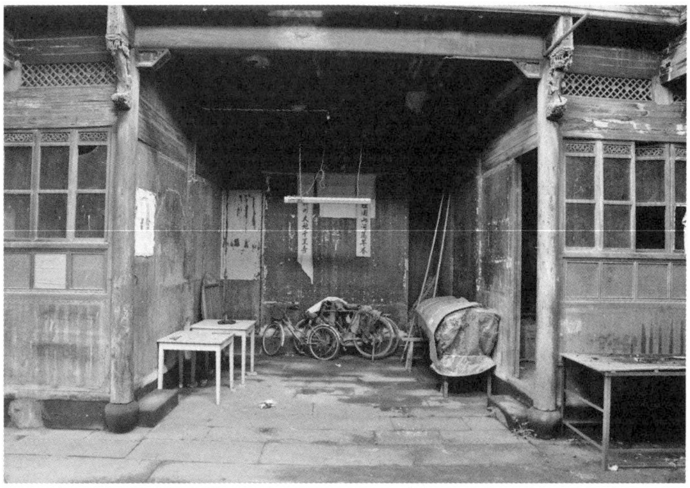

陈声忠宅

位于休宁县万安镇万新村下武洪组（古城岩西南方800米处），建于清代。占地面积125.35平方米。建筑呈四合状，前檐金柱为白果木，斜撑雕刻松树、花草、人物图案，雀替雕刻佛手、『寿』字和天龙（壁虎）图案。梁架为穿斗式，柱础呈圆鼓状。花园处有门亭，有花鸟和人物砖雕，地栿石装饰花鸟。

陈时茂宅

位于祁门县闪里镇桃源村下村组。坐北朝南，砖木二层结构，砖雕门罩，木雕隔扇保存尚好，人物木雕受损。面阔8.8米，进深7.7米，占地面积68平方米。有损坏。

陈时松宅

位于祁门县闪里镇坑口村，建于清末。坐东朝西，砖木二层徽派建筑，砖雕门罩，前设天井采风通光，建筑特色一般。通面阔8.8米，通进深9.7米，占地面积85平方米。

陈时英宅

位于祁门县闪里镇坑口村坑二组。坐东朝西，徽派砖木二层一进三开间，砖雕门罩，大门朝南开，无天井，青石、砖铺设地面。通面阔8米，通进深6.5米，占地面积52平方米。

陈世牛宅

位于黟县碧阳镇古黄村黄村组，建于清代。坐北朝南，开间9.10米，进深7.5米，占地面积68.3平方米。三开间带二厢有天井二层建筑，有隔扇门窗和砖雕门楼。

陈寿泽宅

位于黄山区仙源镇龙山村黄龙巷，建于晚清。占地面积142平方米。一进五开间，三天井（两巷为耳井），高约5米。木架结构穿斗式，斜方格纹水门汀地面，平铺式天井，板壁墙，二层有阁楼。天井上檐残存斜撑6个。

陈术坤宅

位于祁门县闪里镇桃源村，建于清代。坐北朝南，砖木二层结构，面阔16米，进深11米，占地面积176平方米。现无人居住，保存现状较差。

陈顺华宅

位于祁门县闪里镇坑口村，建于清末。坐东朝西，无正大门，前墙设窗通风采光，平时均从耳门进出，屋内木雕月梁、隔扇保存尚好。通面阔10米，通进深6.5米，占地面积65平方米。

陈顺平宅

位于祁门县闪里镇坑口村坑三组。坐东朝西，徽派砖木二层一进三开间，前有院无天井，屋内木雕一般，隔扇缺失。通面阔9.8米，通进深8.3米，占地面积82平方米。

陈思斌宅

位于黄山区三口镇白果树村八分里组，建于清末。二进三开间，占地面积约176.09平方米，高约5米。两侧有门，两侧有倚屋一间。木架结构穿斗式，水门汀地面，地沟式天井，板壁墙，中柱直接到顶，前后进有阁楼，为跑马楼式。

陈松如宅

位于祁门县小路口镇胜利村永合组027号，建于清代。坐南朝北，徽派砖木二层建筑，前设天井采光通风，正面设边门出入，红岩石门，青石板铺设地面。通面阔10.5米，通进深9米，占地面积95平方米。

陈旺明宅

位于黟县西递镇西递村，建于清代。坐东朝西，建筑面积383平方米，主体通面阔11.4米，通进深15.25米。三开间二层建筑。

陈薇宅

位于休宁县齐云山镇环居村环居组村中央，建于清代。占地面积119.54平方米。坐东北朝西南，尚存二进大厅。门罩砖雕花卉、土龙、蝙蝠、『福』字等，地面铺红条石，柱础方形，内部木构架简单，存留的雀替雕刻花卉。

陈为民、陈建民宅

位于黄山区仙源镇龙山村大北门组(黄龙巷)，建于晚清。占地面积132平方米。一进五开间，中堂有一大天井，两厢有两小天井。高约5米。木架结构穿斗式，斜方络纹水门汀地面，平铺式天井，板壁墙，天棚望砖。天井上檐斜撑7个(现缺1个)。

陈维业等宅

位于黟县宏村镇塔川村西山组，建于清代。坐东北朝西南。开间16.82米，进深26.14米，占地面积429.1平方米。五开间为面阔，带东西侧厅两厢四天井的二层大宅门式群体建筑。前檐墙正面大门，东西侧厅各设门通外，楼梯设后进照壁之后。构造精美，用料硕大，砖、木、石构配件制作精致。

陈卫等宅

位于黄山区谭家桥镇新洪村梓里组，建于清代。占地面积126.28平方米。二进五开间格局，水磨石地面，穿斗式墙体。平铺式天井，内框架大致完整，木构件斜撑基本保存完整。正房右侧为一幢二进三开间倚屋，左侧为梓里花戏楼。

陈卫国宅

位于黄山区三口镇白果树村老九组，建于晚清。原为偏房，现一进三开间，占地面积90.52平方米，高约5米。木架结构穿斗式，水门汀地面（现已改为水泥地面），板壁墙，天棚望砖，跑马楼式。天井上檐残存斜撑2个。

陈晓富等宅

位于黄山区新丰乡盛洪村三保自然村，建于清代。整体院落式，占地面积250.38平方米，高约7.2米。一进五开间，木架结构穿斗式，斜方格纹水门汀地面，地沟式天井，直通五间，板壁墙，天棚望砖。多个明式柱础。

陈晓敏宅

位于黟县县城横沟弦18号，建于清代。坐北朝南，占地面积513.48平方米，建筑面积807.61平方米，主体由前后两个四合院纵向排列以及前后石板地面院落、厨房组合而成。整体砖雕、木雕、石雕精美，主要体现在门罩、斜撑、雀替、梁袱、窗、遮羞花板、博风板等部位。2017年被列为黄山市重点文物保护单位。

陈孝元、陈小钧宅

位于歙县许村镇许村，建于清代。坐东朝西，二进三开间楼房。通面阔10.8米，通进深14.6米，占地面积158平方米。

陈孝璋宅

位于歙县徽城镇斗山街，建于清代。坐东朝西，二进三开间（后进已改建）。通面阔12.75米，通进深7.63米，占地面积98平方米。砖木结构楼房，天井较为开阔，两侧有回廊，南面为厨房，正厅两边有厢房，格子门窗。厨房为格子门窗。门上有简单木雕。

陈兴荣等宅

位于黄山区仙源镇龙山村平阳组，建于晚清。占地面积171.88平方米。二进三开间建筑。北为倚屋，一进三开间。高约5.5米。木架结构穿斗式，斜方格纹水门汀地面，地沟式天井，白灰砖墙，天棚望砖。有斜撑等。

陈学明宅

位于休宁县五城镇月潭行政村中央，建于清代。占地面积243平方米。坐北朝南，一脊两堂结构。门罩砖雕花卉，内部结构不详。

陈学武宅

位于祁门县闪里镇坑口村坑一组。坐北朝南，徽派砖木二层一进三开间，未设天井，屋内木雕隔扇等保存较好，土质地面。通面阔11米，通进深9米，占地面积99平方米。

陈拥军宅

位于黟县宏村镇屏山村，建于清末。坐西朝东，开间11.34米，进深9.42米，占地面积100平方米，三开间带二厢二层建筑。左厢耳门通厨房，厨房左边门通外巷道，有腰檐。大门前有一照壁墙。

陈永平宅

位于祁门县闪里镇坑口村坑一组。坐东朝西，徽派砖木二层前后厅式，前有院，砖雕门罩，南侧设边门进出，前设天井，青石、砖铺地面，屋内木雕保存较好。通面阔9.6米，通进深11.4米，占地面积109平方米。

陈有根宅

位于祁门县闪里镇坑口村坑二组。坐东朝西，徽派砖木二层前后厅式，无天井，无木雕。通面阔9.5米，通进深9.8米，占地面积93平方米。

陈有胜宅

位于黄山区耿城镇辅村下任组，建于晚清。二进三开间，两天井，硬山式。高约6.5米，占地面积202.4平方米。木架结构穿斗式，前后进均偷柱（双顶），水门汀地面，地沟式天井，板壁墙，天棚望砖，后进有卷棚。前天井残存斜撑5个，后天井残存斜撑8个，卷棚处月梁为双狮戏球。

陈月丰宅

位于休宁县海阳镇钗坑村中央，建于清代。占地面积95.34平方米。坐东朝西，大门开中央，三进三开间布局，一进门屋、二进厅堂、三进寝楼。门罩砖雕人物、花鸟及吉祥物，梁架为穿斗式，柱础呈变形八瓣莲花状，门窗饰小斜方格，山墙有护墙隔板。

陈云德宅

位于祁门县闪里镇坑口村坑三组。坐北朝南，徽派砖木二层一进三开间。砖雕门罩，东侧设边门进出，前设天井采光通风，青石、三合土铺设地面。通面阔10.7米，通进深9.3米，占地面积100平方米。

陈云雷宅

位于黟县碧阳镇柏山村江柏山组，建于清代。坐西南朝东北，开间9.2米，进深14.6米，占地面积134.3平方米。二进三开间带二厢二天井二层建筑。砖木结构，木构配件、隔扇门窗、飞罩、楼行栏杆、门楼制作较好。

陈云璋宅

位于黟县碧阳镇古黄村黄村组，建于清代。坐西朝东，开间10.15米，进深8.1米，占地面积82.2平方米。三开间带二厢有天井二层建筑。

陈灶松宅

位于祁门县闪里镇桃源村下村组，建于清代。坐北朝南。砖木二层结构，面阔7.6米，进深7.8米，占地面积59平方米。建筑布局紧凑，整体保存较好。

陈振珠等宅

位于黄山区三口镇白果树村金星组，建于晚清。占地面积364.65平方米。一主一附组合而成，主宅为二进三开间，附宅为一进三开间，高约6米。木架结构穿斗式，水门汀地面（斜方格纹），地沟式天井，板壁墙，天棚望砖。柱多为白果木，梁、椽多为松木。

陈之敏宅

位于祁门县闪里镇桃源村，建于清代。坐北朝南。面阔8.6米，进深7.6米，占地面积75平方米。砖木二层结构，现无人居住。

陈中秋宅

位于祁门县闪里镇坑口村坑三组。坐北朝南，徽派砖木二层一进三开间。大门朝北开，砖雕门罩，前设天井采光通风，青石、土地面。通面阔11.4米，通进深8.7米，占地面积99平方米。

诚仁堂

原位于休宁县渭桥乡堂源村，现存于潜口民宅清园内，建于清道光年间。三进二层建筑。大门为『茶园石』石柱，门上饰有精美砖雕门罩。前进为三开间，楼下为大厅，天井四周檐口、梁头、斜撑、梁袱、拱轩、梁枋等构件雕满花卉、禽兽等图案，雕工细腻。后进为五开间，明间为厅，次间梢间为厢房。中进天井楼城四周安装隔扇门，木雕栏杆均围绕『福禄寿喜』来设计装饰图案。1988年作为潜口民宅的组成部分被列为全国重点文物保护单位。

承德堂

位于黟县碧阳镇南屏村，建于清代。坐西北朝东南。开间9.65米，进深7.3米，占地面积70.4平方米。三开间带二厢有天井二层建筑。左厢通外，隔扇门窗、横风窗、飞罩、楼行栏杆保护较好，做工精致，大门门楼保存完整，保护较好。

承德堂

位于婺源县思口镇思溪村，建于清乾隆三十二年（1767）。占地面积320平方米。『兴泰里』老二俞冠川的宅院，石库门、飞檐重阁、雕刻精美。承德堂主人俞冠川与左宗棠交往甚深，往来密切，往来书信达百余封。2006年被列为婺源县重点文物保护单位。

承德堂

位于黟县宏村镇宏村，建于清初。坐东北朝西南，占地面积149平方米，主体通面阔10.8米，通进深13.8米。内花窗、莲花门等木雕构建完整，雕刻精美。三楼四合院式建筑。

承德堂

位于歙县北岸镇瞻淇村367号，建于清代。坐北朝南，一进三开间。通面阔7.45米，通进深6.4米，占地面积47.7平方米。门楼有砖雕，内有木雕。正堂上悬『承德堂』匾额。

承德堂

位于歙县霞坑镇洪琴村，建于清代。坐西北朝东南，二进三开间。通面阔12米，通进深14米，占地面积168平方米。门楼有砖雕，较精美。内部雀替、斜撑、隔扇等有雕刻，保存较完整。

承启堂

位于歙县郑村镇棠樾村，贯通棠樾前、后街的一幢大屋，村人称其为『大房』，建于清代中后期。现存厅屋为二进三开间，南向，由石阶而上，通面阔9.91米，通进深15.56米，占地面积154.2平方米。青石门框，清水砖门罩，上刻包袱锦纹；门廊间有天井，正厅前有卷棚轩腰檐，楼层采用梁柁承十字梁枋和楼板的结构；在驼峰、雀替、斜撑上雕夔龙图案，材质、工艺皆精美。2013年被列为全国重点文物保护单位。

承善堂

位于歙县杞梓里镇外磻村对溪自然村，建于清代。吕氏宗祠。坐南朝北，三进三开间。通面阔7.2米，通进深13.3米。内部梁柁等构件有雕刻。

承善堂

位于歙县杞梓里镇外磻村周岭山自然村，建于清道光年间。坐东朝西，二进三开间砖木结构。通面阔7.2米，通进深13.3米，占地面积120平方米。天井下明堂青石铺就，青石门框，石雕门楼。

承善堂

位于歙县霞坑镇洪琴村143号，建于清代。坐西北朝东南，二进三开间。通面阔9.8米，通进深23.1米，占地面积226平方米。大门有门楼，门楼有精致砖雕。内部窗栏、斜撑、雀替等雕刻有狮子、花草等图案。上堂厅后楼梯通向二楼。砖、木雕保存完好。

承先堂

位于歙县霞坑镇洪琴村531号，建于清代。坐西北朝东南，一进三开间。通面阔6.4米，通进深10.3米，占地面积66平方米。有楼。门楼有砖雕。

承义堂

位于歙县杞梓里镇坡山村，建于清光绪年间。坐东南朝西北，三进三开间砖木结构。通面阔9.95米，通进深23.5米，占地面积234.22平方米。青石门框，两天井，中进雕梁画栋，后进为祖宗神龛，左右两边厢上楼。

承荫堂

位于歙县北岸镇瞻淇村，建于清代中叶。坐北朝南。通面阔6米，通进深23.7米，占地面积142.2平方米。前进为门屋，中进为厅堂，后进为三合式楼屋，转为坐西朝东。木构架梁柱甚为简洁，门窗及斜撑等部件装饰精美。2006年被列为歙县重点文物保护单位。

承泽堂

位于歙县坑口乡薛源村柔川自然村，建于清代中期。坐西北朝东南。通面阔8.95米，通进深15.8米，占地面积111.41平方米。两幢前后相连，三间靠壁天井，砖木雕刻朴实。前后两层，隔扇、柱撑、屏门略损。后幢三层，楼下隔断、隔扇皆被拆除。2006年被列为歙县重点文物保护单位。

承志堂

位于歙县北岸镇瞻淇村，建于清代。坐西南朝东北，二进三开间。通面阔10米，通进深10.95米，占地面积109.5平方米。门楼有砖雕，内有木雕，较为精美。

承志堂

位于婺源县思口镇思溪村，建于清嘉庆年间。占地面积280平方米。『兴泰里』老三俞树玟的宅院，正屋旁的『百寿花厅』是其迎宾客馆。隔扇门上下均雕镂精美图案，中刻96个『寿』字，堪称『木雕精品』。2006年被列为婺源县重点文物保护单位。

承志堂

位于黟县宏村镇宏村，建于清咸丰年间。坐北朝南，占地面积1021平方米。主体通面阔33.99米，通进深39.7米，正厅、后厅为回廊三间式建筑结构。地处宏村上水圳，北倚雷岗山，前接牛肠水圳，外观气势起伏跌宕，宅院内厅堂、厨房、庭院、书房、经堂、池塘、花园、水井俱全，整体设计协调，布局均衡。建筑内雕饰精美。2001年被列为全国重点文物保护单位。

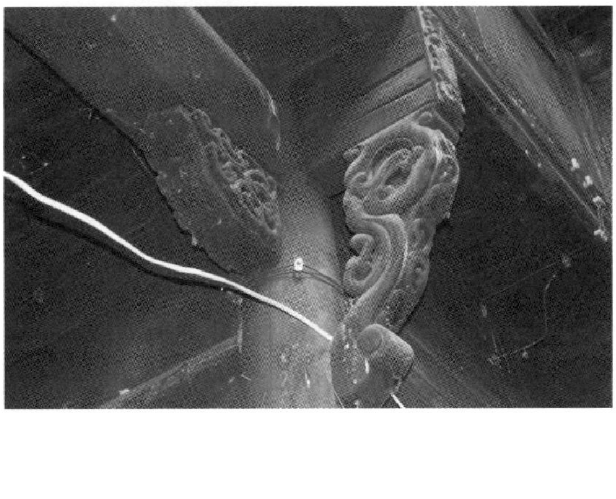

程阿应等宅

位于休宁县东临溪镇汊口村后田组村中央地带邻汊水处，建于清代。占地面积87.90平方米。坐东北朝西南。前厅后楼布局，中以巷弄相通。厅为四合，地铺红砂石，柱础方形，雀替雕花卉、斜撑雕变形龙，木隔扇窗饰方格，木隔板饰斜方格；后楼为假四合，雀替雕卧牛，隔扇窗饰花卉、方格。

程爱民宅

位于歙县璜田乡璜田村一组，建于清代。坐东朝西，一进三开间楼房。通面阔8.3米，通进深5.9米，占地面积约48.97平方米。硬山顶，青瓦盖顶。

程爱仙宅

位于歙县徽城镇渔梁街，建于清末。坐南朝北。通面阔5米，通进深10.1米，占地面积约51平方米。二层砖木结构。

程爱宜宅

位于黟县碧阳镇南屏村，建于清代。坐东朝西，开间9.75米，进深11.95米，占地面积116.5平方米。三开间上下厅中天井二层建筑。木构配件及隔扇门窗保护较好，制作较精致，大门砖雕门楼制作较精美。

程百高宅

位于休宁县东临溪镇芳口村枧东组村中央，建于清代。占地面积99.7平方米。坐北朝南，一进五开间。门罩砖雕饰瑞兽图案，内部雕刻基本完好，雀替雕花卉、吉祥鸟，斜撑雕倒悬狮，柱础方形。

程邦柱宅

位于黟县碧阳镇星火村上光组，建于清代。坐北朝南，开间9.5米，进深7.75米，占地面积73.6平方米，三开间二层建筑，有天井。砖木结构，木构架承重，木构架、装修等较完整，构配件、隔扇等较好。

程保林等宅

位于歙县徽城镇南源口村，建于清代。坐西朝东，二进三开间。通面阔18.2米，通进深6.32米，占地面积约115平方米。二层结构，格子门窗，木门上有浮雕，花草图案，冬瓜梁下有人物木雕。一天井较为开阔。门楼有砖雕。

程本达宅

位于绩溪县瀛洲镇仁里村196号，建于清代晚期。坐西朝东，占地面积88.5平方米。一进三开间二层建筑。前檐檐部设一天井，抬梁穿斗并用式梁架，撑拱承挑出檐，三合土地坪，外围封火墙，室内木雕构件细腻精美。

程本荣宅

位于歙县许村镇许村东升二组（河前），建于清代。坐北朝南，三开间二过厢，门面已改。通面阔8.9米，通进深5.9米，占地面积52.51平方米。

程彩洪、程福树宅

位于歙县许村镇跳石村下蒲田组，建于清代。坐西朝东，一进三开间楼房。通面阔7.7米，通进深7.3米，占地面积56.21平方米。有天井，楼下设有房间，木雕已被拆除。

程昌锭、程玉德宅

位于歙县许村镇前村上九一组，建于清代。二进三开间建筑。通面阔9.4米，通进深11.1米，占地面积104.3平方米。有天井。

程长宁宅

位于歙县郑村镇向杲村牌边组，建于清代。坐北朝南，二进三开间二层建筑。通面阔10.1米，通进深14.3米，占地面积144.4平方米。前有小院，门罩有砖雕花刻。内有天井，天井两侧有格子窗，内堂门有格子窗、通气窗。楼上厢廊木板隔雨，楼上房有花隔窗。

程尘宅

位于休宁县万安镇潜阜行政村后街中段，建于清代。占地面积93.73平方米。坐北朝南，一进三开间。地面铺红麻石，柱础方形，大梁亦方形，雀替、斜撑雕刻花卉图案，屏风门饰花卉及变形『寿』字。大门上方有彩绘人物。

程成安宅

位于休宁县万安镇古城岩明清建筑群内，建于清代。占地面积60平方米。坐南朝北，假三间结构。门罩雕『寿』、草龙、宝瓶、蝙蝠及鳌鱼翅角，内部木构架雕刻精美，美人靠雕饰水浪纹、孔雀。大梁雕『文经武纬，安邦定国』。左右梁雕『八贤王夜访寇准』和『周文王访贤』图案。2004年作为休宁县万安镇古城岩明清建筑群一部分被列为安徽省重点文物保护单位。

程春光宅

位于徽州区呈坎镇呈坎村后街，建于清代。坐东朝西，建筑面积78.5平方米。三开间带二厢二层建筑。南廊内开边门经厨房通巷。明间为厅，上悬大匾一块，字迹不清。两厢朝厅内开门，临天井向隔扇窗缺失严重，楼层起腰檐，施梁枨、斜撑，楼梯架照壁后。楼地面铺方砖。2001年作为呈坎村古建筑群的组成部分被列为全国重点文物保护单位。

程春秀宅

位于绩溪县上庄镇上庄村53号，建于清代后期。坐西北朝东南，占地面积100平方米。一进三开间二层楼房，前檐设一天井，撑拱承挑出檐，正厅两边为厢房，三合土地坪，室内的隔扇、狮撑、雀替雕刻精美。

程存几、王来仙宅

位于歙县北岸镇呈村降村呈西自然村，建于清代。坐西朝东，通面阔8.55米，通进深9.4米，占地面积80.37平方米。门楼有部分砖雕，内有诸多精美木雕及少量石雕。

程打铁宅

位于歙县富堨镇仁里村西川组，建于清代。坐东朝西，一进三开间。通面阔7米，通进深9.5米，占地面积66.5平方米。有楼。下堂右边有厨房，左边为偏门，天井两侧有廊。

程大美宅

位于黟县碧阳镇关麓村，建于清代。坐西南朝东北，开间9.4米，进深11.4米，占地面积107.1平方米。前后厅三间二层建筑。砖木结构，木构架承重。房屋整体较完整，隔扇门窗制作较好，有部分拆改，门楼完好。

程大位故居

位于屯溪区前园村渠东5号，始建于明弘治年间，由维新堂、祭祖楼和宾园庭院三部分组成，占地面积434.84平方米。1986年设瞻仰堂，置程大位塑像，左右厢壁挂程氏『师生问难』等十幅生平丹青，另有书房、卧室。二楼辟为陈列室，置有程大位画像、生平简介，以及周恩来题词照片、赵朴初为陈云拨珠演算题照诗以及当代数学家苏步青、江泽涵、王元、龚升等人的题词、匾额。2013年被列为全国重点文物保护单位。

程带子宅

位于祁门县箬坑乡下汪村。坐西朝东，徽派砖木二层结构，内设天井。花窗、隔扇、门罩雕刻精美。屋内铺有木地板。面阔10.65米，进深9.6米，占地面积102平方米。

程德林宅

位于歙县富堨镇中溪村三田三组，建于清代。坐西南朝东北，一进三开间楼房。通面阔9.5米，通进深8.9米，占地面积84.6平方米。大门有门楼。内部梁架简单。

程迪生宅

位于歙县雄村镇柘林村十三组，建于清代。坐北朝南，一进三开间二层建筑。通面阔9.6米，通进深5.45米，占地面积52.32平方米。外墙体较坚硬。

程鼎成宅

位于歙县深渡镇深渡老街，建于清代。坐南朝北，二进三开间二层建筑。通面阔8.23米，通进深14.2米，占地面积116.33平方米。下对堂有天井。后厅后有楼梯。大门石质门框，粉素墙。

程定均宅

位于祁门县历口镇环砂自然村。坐南朝北，系清光绪年间村中私塾，又名『恒德堂』。徽派砖木二层一进三开间结构，牌坊式砖雕门楼三组，屋内狮子斜撑等雕刻精美，保存较好，青石、木地板铺设地面。通面阔9.6米，通进深8.7米，占地面积84平方米。

程定榕宅

位于歙县雄村镇柘林村，建于清代。坐西朝东，二进三开间二层建筑。通面阔9.3米，通进深11.43米，占地面积106.3平方米。一天井，大门口有门楼。有格子窗、简易斜撑、圆形石柱础。

程定社宅

位于歙县雄村镇柘林村，建于清代。坐北朝南，一进三开间。通面阔8.85米，通进深6.85米，占地面积60.6平方米。二楼有格子窗，有方形石柱础，一天井。

程东屏宅

位于绩溪县瀛洲镇仁里村191号，建于清代晚期。坐东北朝西南，占地面积175平方米。由正厅和书房组成。正厅为一进三开间。二层楼房，前檐檐部设一天井。书房由一庭院和二进房子组成，书房又名『退省斋』，取自『进则尽忠，退则补过』之意。

程度宅

位于绩溪县瀛洲镇仁里村45号左侧，建于清代晚期。坐西北朝东南，面阔三间，占地面积140平方米。由正房、小厅屋和厨房三部分组成。正房为二层楼房，硬山屋顶，砌封火墙，撑拱承挑出檐，前檐置一天井，三合土地坪。大门开在北檐墙中部。正厅两侧为两厢房。小厅屋为二层楼房。室内木雕构件精美。

程奋翔宅

位于黟县碧阳镇横沟弦街，建于清初。由正厅和厨房组成。正厅为一进三开间砖木结构二层建筑。占地面积136.23平方米，建筑面积188.3平方米。厅堂正中和前檐分别悬挂『清训堂』和『紫气延禧』字匾。楼层为四架五檩穿斗式构架，设飞椽，前后双坡屋面，覆以青灰小瓦，整体保存完好。2014年被列为黟县重点文物保护单位。

程佛淦宅

位于歙县森村乡满田村，建于清末。坐北朝南，一进三开间。通面阔10.4米，通进深8.4米，占地面积87.4平方米。上下两层，圆柱方梁，门楼有精美砖雕，内设简洁明了。

程扶强宅

位于绩溪县瀛洲镇仁里村145号，建于清代晚期。坐东北朝西南，占地面积180平方米。前后两进，前进为正厅，两边为厢房，二层楼房，前檐设一天井；后进不设厢，后檐设一小天井，硬山屋顶，外围封火墙，三合土地坪，室内的撑拱、雀替等装饰精美。

程扶美宅

位于绩溪县瀛洲镇仁里村45号，建于清代。坐西北朝东南，硬山屋顶，占地面积157平方米。前后两进，前进为二层楼房，前后檐部设条石天井。大门开在前厅右侧，拱券形。正厅两边为厢房，后堂天井两侧有房，北向房内架梯登楼，二楼通转。室内有撑拱、雀替、驼峰等，雕刻精美。

程千琪宅

位于绩溪县瀛洲镇仁里村102号，建于清代晚期。坐北朝南，占地面积105平方米。上下对堂，二楼通转，中间设一天井，东西厢房，抬梁穿斗并用式梁架，硬山屋顶，三合土地坪，外围封火墙，前有一庭院，室内的木雕构件精美。

程革伟、胡继宝宅

位于黟县碧阳镇星火村陈闾组，建于清代。坐北朝南，开间9.2米，进深7.7米，占地面积70.8平方米，三开间二层建筑，有天井。砖木结构，木构架承重，房屋木构架及装修较完整。

程根娣宅

位于歙县徽城镇鲍川村方家自然村，建于清代。坐西朝东。通面阔9米，通进深9.5米，占地面积86平方米。有简易门楼。

程根福等宅

位于黄山区三口镇白果树村老九组，建于晚清。二进三开间，跑马楼式，占地面积111.87平方米，高约5.5米。柱多为白果木，梁、椽、封檐、板壁墙多为松木、杉木。天井上檐有斜撑6个，较完整。木架结构穿斗式。斜方格纹饰水门汀地面，平铺式天井，板壁墙，天棚望砖。

程根福宅

位于徽州区岩寺镇上朱村上横街，建于清代。坐北朝南，建筑面积126.04平方米。一进五开间二层楼房，进门即天井，明间大方砖正铺地，五间分割（现两次间被封护）。楼上靠前天井为走廊，分别到两次间和梢间，全装月梁，柱头有三跳斗拱承撩檐枋、罗汉枋。

程观来宅

位于歙县许村镇跳石村下蒲田组，建于清代。坐西朝东，大门开在西边，二进三开间楼房。通面阔9.8米，通进深12.2米，占地面积119.56平方米。板壁不全。

程光年宅

位于黟县碧阳镇南屏村，建于清代。坐东朝西，开间8.5米，进深7.45米，占地面积63.3平方米。三开间二厢有天井二层建筑。

程光裕宅

位于黟县碧阳镇南屏村，建于清代。坐东朝西，开间9.7米，进深8.6米，占地面积83.4平方米。三开间带二厢有天井二层建筑。木构配件及隔扇、横风窗、楼行栏杆制作较精美。

程广平宅

位于歙县雄村镇浦口村一组，建于清代。坐西朝东，二进三开间二层建筑。通面阔8米，通进深6.8米，占地面积54.4平方米。上堂有格子窗。

程桂花宅

位于歙县雄村镇柘林倍村，建于清代。坐北朝南，一进三开间二层建筑。通面阔8.7米，通进深5米，占地面积43.5平方米。一层门面为砖结构，二层门面为木结构。有方形石柱础，两边有厢房。

程国光宅

位于歙县雄村镇柘林倍村，建于清代。坐北朝南，二进三开间二层建筑。通面阔9.65米，通进深17.13米，占地面积165.3平方米。一天井，大门口有门楼，无砖雕。有格子门窗、斜撑、石鼓。西边有厢房，厢房内有古木床。

程国军、余一楷宅

位于黟县碧阳镇石亭村，建于清代。坐南朝北，开间9.85米，进深8.25米，占地面积81.3平方米。三开间带二厢有天井二层建筑。

程国全宅

位于绩溪县伏岭镇石川村85号，建于晚清。坐东南朝西北，占地面积124平方米。二进三开间二层楼房，东西厢房，前后天井，三合土地坪，外围封火墙，撑拱承挑出檐，抬梁穿斗并用式梁架，二楼矮窗装饰。整体保存完整，梁架和基础较好。

程国荣宅

位于休宁县山斗乡山斗村村中央，建于清代。占地面积182.95平方米。坐北朝南，二进三开间。门罩砖雕饰松柳、亭台楼阁、鱼、蝙蝠等图案。内部雕刻较简单，裙板饰冰裂纹，木隔板饰竖条状，地面铺白麻石，柱础呈石鼓状。

程国瑞等宅

位于黟县碧阳镇钟山村瑶山组，建于清代。坐北朝南，开间8.6米，进深12.35米，占地面积106.2平方米。三开间带一厢上下厅中天井二层建筑。砖木结构，彩绘天棚，有隔扇门窗、横风窗、木构配件及门楼。

程国瑞宅

位于黟县碧阳镇古黄村古筑组，建于清代。坐北朝南，开间9.7米，进深7.75米，占地面积75.2平方米。三开间带二厢有天井二层建筑。砖木结构，隔扇及木构配件较好。

程国胜宅

位于徽州区潜口镇东山村六组，建于清代。坐西朝东，建筑面积116.25平方米。一进三开间二层建筑。明间为厅，设月梁，两次间辟住房。楼下较高，檐口和柱头下有变形斗拱。楼上有大型祭祖座，大方砖墁地，屋面有望板，檐口望砖，楼下房间坎下为清水墙，坎上为狭长格子窗。

程国松、程云峰宅

位于黄山区汤口镇汤口社区河东路（圆门洞），建于清代。占地面积139.3平方米。二进三开间跑马楼式建筑。一层高于二层，后有厨房。高约6.5米。木架结构穿斗式，斜方格纹水门汀地面，平铺式天井，板壁墙，圆柱方梁，封檐望板。斜撑10个。

程国太宅

位于黄山区谭家桥镇新洪村梓里组，建于晚清。占地面积50.88平方米。一进三开间，穿斗式建筑。地面后期改水泥地面，板壁式墙体，地沟式天井，无斜撑。

程国芝宅

位于徽州区潜口镇东山村，建于清代。坐东北朝西南，建筑面积160.9平方米。三开间二对廊砖木结构二层楼房，门罩砖雕完整。上堂三间，明间厅，两次间房，楼上全木皮门装修，房向天井开窗，有花隔扇窗门，楼上走马楼，两层木楼板，一层杉木实拼，一层松木骑缝。

程海山宅

位于休宁县板桥乡凰腾行政村凤腾路22号，建于清代。占地面积70.77平方米。坐南朝北，一进三开间。立柱及柱础均方形，雀替、斜撑雕刻草龙，二楼栏板外檐雕刻八宝、花卉，木隔扇窗饰方格。

程和平宅

位于徽州区岩寺镇上朱村中源组，建于清代。坐西朝东，建筑面积103.54平方米。一进三开间二层建筑。正屋三间，有楼。明间厅，两次间为房间，明间柱头装夔龙斜撑。楼上三间分隔，沿天井三面全部格子门装修，楼板无砖，屋面前檐铺望板。

程和气宅

位于歙县许村镇许村高阳组071号，建于清代。坐东朝西，一进三开间。通面阔9.3米，通进深5.9米，占地面积54平方米。大门口有门楼，门楼有砖雕。内部梁柁、斜撑等构件有雕刻。

程荷仙宅

位于绩溪县伏岭镇湖村大石桥下21号对面，建于清代中后期。坐北朝南，占地面积175平方米。硬山屋顶，东、西、南三向砌封火墙，抬梁穿斗并用式梁架，三合土地坪。前后两进，设两天井，前后两进之间用木板墙分隔，撑拱承挑出檐，檐部装置裙板和矮窗。面阔三间，进深五间，二楼通转，大门开在南檐墙西南隅，饰门罩，内装修构件有撑拱，前后厢房的木雕挂落、雀替、窗门和遮羞板，雕刻非常精美，整体保存完整。1998年被列为安徽省重点文物保护单位。

程互助等宅

位于休宁县商山镇雁里行政村173号，建于清代。占地面积137.2平方米。坐西北朝东南，呈四合。地面铺白麻条石板，柱础方形，地袱石装饰花草，木隔扇窗雕饰八宝、花草图案，雀替、斜撑雕刻人物、松树、倒挂狮等。

程华达宅

位于屯溪区屯光镇南溪南村230号，建于清代。占地面积约300平方米。坐北朝南，砖木结构，一进三开间楼房。天井西侧建耳房一间。明间为厅，次间为厢房。斜撑、棂窗等雕花装饰，厢房格子窗有明显的时代特征。

程辉宅

位于绩溪县瀛洲镇仁里村90号，建于清代晚期。坐东北朝西南，占地面积87平方米。一进三开间二层楼房。抬梁穿斗并用式梁架，三合土地坪，外围封火墙。前檐设一天井。门楼上的飞砖雕刻及门罩雕刻精美，室内的木雕构件精美。梁架和基础较好。

程慧珍、江淑爱宅

位于黟县宏村镇龙江村林村组，建于清代。坐东北朝西南，开间9.5米，进深12.8米，占地面积121.6平方米。三开间下堂上厅中天井二层建筑。正面大门，照壁后上楼。三合土斜方格地面。木构架、装修整体较完整，砖、木、石构配件制作精致。

程吉生、俞进全宅

位于歙县富堨镇青山村律上组，建于清代。坐东朝西，一进三开间，砖木二层结构。通面阔7.5米，通进深7.5米，占地面积56.3平方米。

程极本宅

位于歙县富堨镇富堨村芦溪组，建于清代。坐北朝南，一进三开间二层建筑。通面阔11.3米，通进深9.1米，占地面积102.8平方米。

程继棣宅

位于黟县碧阳镇南屏村，建于清代。坐南朝北，开间10.6米，进深17.05米，占地面积180.7平方米。三开间带二厢前后进二天井二层建筑。木构配件及隔扇、砖作门楼制作较好。

程加荣宅

位于黟县碧阳镇古黄村古筑组，建于清代。坐北朝南，开间9.65米，进深9.1米，占地面积87.8平方米。二进三开间二层建筑。砖木结构。

程家久宅

位于历口镇环砂自然村，又名『贻谋堂』，建于清代。坐东朝西，徽派砖木二层走马楼式结构。砖雕门罩，中设天井采光通风，屋内隔扇雕刻精美，保存较好，青石、木地板铺设地面。通面阔11米，通进深14.3米，占地面积157平方米。

程家庆宅

位于歙县郑村镇棠樾村槐塘组，建于明代。坐北朝南，一进三开间。通面阔7.4米，通进深6.3米，占地面积46.6平方米。上、下两屋。大门门罩有部分雕刻，内存天井，有梁撑，上层有格子窗，青砖铺地，两边厢房青砖隔断。

程建安、程建吉宅

位于歙县许村镇前村东山三组，建于清代。坐东朝西，一进三开间楼房。通面阔8.2米，通进深5.6米，占地面积45.92平方米。无天井，结构简单。

程建国宅

位于休宁县齐云山镇北山村酸梅树组05号，建于清代。占地面积103.98平方米。坐北朝南，一进三开间。门罩彩绘戏文故事，柱础方形，雀替雕花卉，斜撑雕倒挂狮，木隔扇窗饰花卉、变形『福』『卍』字，裙板雕八宝、凤凰。

程建华宅

位于黟县碧阳镇郭门社区，建于清末。坐西朝东，开间10.1米，进深8.55米，占地面积86.4平方米。三开间二层建筑。砖木结构，木构架较好。2014年被列为黟县重点文物保护单位。

程建利宅

位于徽州区呈坎镇呈坎村西南，建于清代。坐西朝东，建筑面积143.9平方米。三间两厢，地面方砖，楼梯架照壁后，南廊有横风扇，厢屋有雕花隔扇，二层天井沿饰斜撑。底层明间翻作前后厅，厢房门向厅内开启。

程建明宅

位于歙县富堨镇青山村湖田组，建于清代。坐西朝东，一进三开间二层建筑。通面阔9.4米，通进深12.5米，占地面积117.5平方米。下堂有厢房。

程建强等宅

位于黄山区汤口镇汤口社区河西组，建于晚清。占地面积127.68平方米。二进三开间跑马楼式结构，一层高于二层，高约6.5米。门罩有砖雕，木架结构，穿斗式，青砖地面，平铺式天井，板壁墙，木搁栅窗，方柱方梁，封檐望板。斜撑木雕纹饰多花卉图案。16个。

程健忠宅

位于祁门县祁山镇六都村六三组，建于清末。坐北朝南，砖木结构二层建筑。正屋一进三开间，前有院，院两边建有两层小楼，无精雕细作。通面阔8.4米，通进深10.4米，占地面积87平方米。

程金达宅

位于休宁县万安镇古城岩明清建筑群内，建于清代。占地面积77平方米。坐南朝北，二进三开间。门罩砖雕以戏文故事为主，左为『观音送子』，右为『周穆王拜西母』，下为『商妇送君图』。内大梁雕『百忍图』，其上为『五福图』，两边饰琴、棋、书、画图案。左右大梁雕『杨宗保招亲』和『穆桂英挂帅』，周边饰牡丹、荷花、菊花、梅花。左雀替雕『二进宫』，右雀替雕『程咬金上朝』。左斜撑雕『指日高升』，右斜撑雕『添官赐福』。2004年作为休宁县万安镇古城岩明清建筑群的一部分被列为安徽省重点文物保护单位。

程金木宅

位于歙县许村镇许村东升三组（河前），建于清代。坐西朝东，分前后两个三间，前三间一层，后三间两过厢楼房。通面阔10.2米，通进深13.1米，占地面积133.62平方米。

程金生宅

位于休宁县板桥乡凰腾行政村里碣路46号，建于清代。占地面积136.1平方米。坐南朝北，呈四合布局。门罩砖雕饰狮、鱼、亭台楼阁、花草，地面铺青石板，立柱及柱础方形，雀替雕饰人物、花卉，月梁雕饰花草、瑞兽。二楼栏板外檐环雕戏文故事。

程锦春宅

位于黟县碧阳镇横沟弦街，建于清代。二进三开间砖木结构三层建筑。占地面积156.24平方米，建筑面积315.27平方米。楼层四架五檩穿斗式构架，设飞椽。前、后进入口均设砖雕门罩，雕花云纹，飞檐翘角，整体构图精美，刻工精细。门罩上砖雕构件、月梁、梁袱、风窗等雕刻精细，保存尚好。2014年被列为黟县重点文物保护单位。

程景生宅

位于黟县碧阳镇南屏村，建于清代。坐南朝北，开间8.75米，进深7.95米，占地面积69.6平方米。三开间二层建筑。砖木结构，木构架承重。

程景新、汪小兰宅

位于黟县碧阳镇古黄村古筑组，建于清末。坐东北朝西南，开间9.8米，进深7.8米，占地面积76.4平方米，二进三开间二层建筑，砖木结构，有彩绘天棚。

程景智宅

位于歙县北岸镇呈村降村呈东组，建于清代。坐东朝西，三进三开间。前两进通面阔8.7米，通进深11.95米，占地面积103.97平方米。最后一进通面阔10.9米，通进深3.7米，占地面积40.33平方米。门楼砖雕被破坏，有石雕，较精美。内有诸多木雕，较普通。

程九如宅

位于歙县雄村镇航步村，建于清代。坐北朝南，一进二层，通面阔7.25米，通进深3.85米，占地面积27.9平方米。有石础、格子窗和板门。

程久才宅

位于黟县碧阳镇古黄村黄村组，建于清末。坐西北朝东南，开间10.1米，进深7.6米，占地面积76.76平方米，一进三开间二层建筑，大门砖雕门楼保护较好，天花板彩绘。

程久苗宅

位于黟县碧阳镇古黄村黄村组，建于清代。坐西北朝东南，开间10.05米，进深9.35米，占地面积94平方米，三开间厅堂式带二厢有天井二层建筑，大门朝前，隔扇门窗、横风窗等木雕构件制作精美，保护相对完好。

程娟宅

位于歙县雄村镇雄村，建于清代。坐西朝东。通面阔8.5米，通进深9.35米，占地面积81.18平方米。有格子门，大门上有门楼，无雕刻。二层楼。

程君模宅

位于祁门县历口镇环砂自然村，又名『友善堂』，建于清末。坐东朝西，徽派砖木二层一进三开间，砖雕门罩，前设天井采光通风，青石、木地板铺设地面，通面阔10.6米，通进深10.2米，占地面积108平方米。

程开来宅

位于休宁县板桥乡樟前村二组村中央，建于清代。占地面积42.24平方米。坐东南朝西北，开边门，一进三开间。立柱及柱础方形，雀替及斜撑用板块及曲线装饰，木隔扇窗饰方格图案。

程开林宅

位于休宁县海阳镇齐宁社区桂花树巷43号，建筑年代不详。坐北朝南，呈四合。柱础方形，雀替雕刻土龙，斜撑雕刻花卉。墙外有一古井，红砂石井圈。

程康平宅

位于黟县碧阳镇南屏村，建于清代。坐东朝西，开间9.4米，进深7.74米，占地面积72.8平方米，三开间带二厢有天井二层建筑，大门朝前，左厢通厨房，木雕构配件制作精美，保存较好，大门砖雕门楼较完好，青条砖横铺地面。

程康勤宅

位于黟县碧阳镇郭门社区，建于清代。坐西朝东，开间9.75米，进深8.8米，占地面积85.8平方米，三开间带二厢有天井二层建筑，砖木结构，隔扇、横风窗、飞罩及门楼制作较好。

程克勤等宅

位于歙县许村镇前村上九自然村，建于清代。坐北朝南，二进三开间楼房。通面阔9.4米，通进深11.4米，占地面积107.16平方米。

程坤祖宅

位于休宁县板桥乡凰腾行政村西北角，建于清代。占地面积67.29平方米。坐北朝南，一进三开间。结构较简单，天井处铺青石板，柱础方形，木隔扇窗饰方格，未见雀替及斜撑雕刻。

程昆明宅

位于歙县徽城镇旸村，建于清代。坐北朝南，三进三开间。通面阔10.3米，通进深18.3米，占地面积188平方米。中间有天井，部分倒塌。大门有砖雕门楼。

程来峰宅

位于黟县碧阳镇钟山村田二组，建于清代。坐北朝南，开间10.1米，进深9.8米，占地面积99平方米，三开间二层建筑，砖木结构，彩绘天棚。

程来富等宅

位于休宁县海阳镇齐宁社区百客厅巷17号，建于清代。占地面积148.01平方米。坐东朝西，二进三开间。一进地面铺红砂石板，柱础方形，雀替雕祥鸟、花卉，斜撑雕土龙。二进柱础方形，地袱石装饰花卉，雀替雕土龙。南庭院内筑井，红砂石井圈，口径0.35米，高0.47米。

程兰芳宅

位于黟县碧阳镇赤岭村，建于清代。坐东朝西，开间9.3米，进深7.6米，占地面积70.7平方米。三开间二层建筑，有天井。砖木结构，木构架承重，整体较完整，砖门楼完整。

程兰生宅

位于歙县溪头镇洪村口村湖岔自然村，建于清代。坐北朝南，通面阔10.7米，通进深5.4米，占地面积57.8平方米。砖木结构，保存较完好，有门楼。

程黎安宅

位于歙县雄村镇柘林倍村，建于清代。坐北朝南，一进三开间。通面阔8.6米，通进深6.75米，占地面积58.05平方米。二层楼。有格子窗，有一小天井。

程立宾宅

位于歙县富堨镇中溪村，建于清代。坐北朝南，一进三开间楼房。通面阔9.6米，通进深8.5米，占地面积81.6平方米。西为厨房，后为房间。门楼有砖雕，窗上有墙画。

程立勇等宅

位于歙县许村镇前村，建于清代。坐东朝西，二进三开间楼房。通面阔8.6米，通进深12.3米，占地面积105.78平方米。木雕比较完整，有中夹门、天井。

程良朋宅

位于歙县雄村镇柘林倍村，建于清代。坐北朝南，一进三开间。通面阔9.6米，通进深7.65米，占地面积73.44平方米。二层楼房，一层门面为砖砌结构，二层门面为木结构，有格子窗。

程良平宅

位于黟县宏村镇汤蜀村潭川组，建于清末。坐北朝南，开间9.65米，进深7.12米，占地面积68.7平方米。三开间带二厢上下厅中天井二层建筑，右厢侧耳门通厨房，照壁后上楼。三合土地坪，木构配件及隔扇制作较好。

程良心宅

位于歙县璜田乡璜田村三组，建于清代。坐北朝南，一进三开间。通面阔10.7米，通进深7.9米，占地面积约84.53平方米。均为硬山顶，青瓦盖顶。

程梁浩等宅

位于歙县北岸镇呈村降村呈西自然村，建于清代。坐北朝南，二进三开间楼房。通面阔 11.15 米，通进深 9.25 米，占地面积 103.14 平方米。门楼无砖雕，内无木雕。

程六顺等宅

位于休宁县万安镇万新村上武洪组近万安老街东入口处，建于清代。占地面积 112.34 平方米。坐西朝东，一进五开间。柱础方形，月梁冬瓜状，雀替饰有草龙图案，斜撑雕刻花草图案，木隔扇窗饰方格，裙板雕有花鸟、缠枝等图案，地面铺设红条石。

程龙厚宅

位于黟县碧阳镇钟山村田二组，建于清末。坐北朝南，开间9.5米，进深7.35米，占地面积69.8平方米。三开间二层建筑，砖木结构。

程茂德宅

位于黄山区三口镇汪家桥村尚书里组，建于清末。一进五开间，高约5米，占地面积100.58平方米。木架结构穿斗式，板壁墙，门前有影壁墙。

程茂辉宅

位于黄山区三口镇汪家桥村尚书里组，建于清末。一进三开间，高约5米，占地面积81.9平方米。木架结构穿斗式，板壁墙，有隔墙。

程茂田宅

位于绩溪县临溪镇临溪村蒲川组72号，建于清代晚期。坐西北朝东南，占地面积195平方米。上下对堂，二楼通转，中设天井，东西厢房，有一庭院，三合土地坪，外围封火墙，室内木雕构件精美。

程美琴一号宅

位于歙县许村镇前村，建于清代。坐北朝南，一进三开间楼房。通面阔9.6米，通进深9.4米，占地面积90.2平方米。有天井，无雕刻。

程媚仙宅

位于绩溪县瀛洲镇仁里村195号，建于清代后期。坐东北朝西南，占地面积143平方米。一进三开间，砖木结构，东西厢房，二层楼房，前檐设一天井，抬梁穿斗并用式梁架，三合土地坪，外围封火墙。后进为附属房，室内的窗栏板、挂落、隔扇雕刻非常精美。

程门雪故居

位于婺源县溪头乡下溪头村。程门雪是中华人民共和国成立后中医药高等教育史上一位颇具影响的教育家。分正屋和书屋两栋，两栋房子隔着古巷对街相望。书屋上下两层，楼上是香火房，楼下则是书房。正屋占地面积465.2平方米，始建于明末清初。砖木徽派二层楼结构，水磨青砖门楼，内部方桥窗图案有鸟兽、花卉、卷云等，画面丰富而有层次，栩栩如生。正屋前方原来是花园，有鱼塘和亭榭，可惜后来被毁。2005年被列为上饶市重点文物保护单位。

程梦馀宅

位于黟县碧阳镇横沟弦街，建于清代。一进三开间砖木结构二层建筑。占地面积111.92平方米，建筑面积160.39平方米。设内院落，有马头墙、封山墙。楼层六架七檩穿斗式构架，设飞椽，前后双坡屋面，覆以青灰瓦，院门入口设『八』字砖雕门罩，青石须弥座，水磨砖墙面，门罩上砖雕构件保存尚好。院内甬道为『黟县青』石板铺地，两侧鹅卵石镶嵌铺装地面。大门入口门洞上方内外侧均设砖雕门罩，保存尚好，砖雕间白地处施有墨画。厅堂内照壁上方悬『信天续巢』大字匾。2014年被列为黟县重点文物保护单位。

程明友宅

位于黟县碧阳镇古黄村古筑组，建于清代初期。坐北朝南，开间10.04米，进深8.05米，占地面积83.7平方米。五开间二层建筑，现保存三开间。砖木结构，木构架及装修有明代建筑特征。

程木兰宅

位于歙县雄村镇夏坑村，建于清代。坐北朝南，二进三开间。通面阔9.6米，通进深11.8米，占地面积113.28平方米。二层楼房，一天井。大门口有门楼，上有花草、动物砖雕。两侧厢房有格子窗。

程排超等宅

位于休宁县陈霞乡陈霞村霞瀛组村中央，建于清代。占地面积132.18平方米。坐北朝南，前为四合，门罩砖雕饰花卉、宝瓶、亭台楼阁、人物，二楼栏板外侧雕人物故事及花卉，斜撑雕人物，冬瓜梁雕方钱、人物，地面铺长条麻石，柱础方形，地袱石装饰宝瓶、变形『寿』字；后为三开间，斜撑雕人物，雀替雕花卉，二楼栏板外侧雕人物故事及花卉。

程培本堂

原位于徽州区西溪南镇横山村，现存于潜口民宅清园，建于清末。三进三开间二层建筑。前进、中进为厅堂、厢房，后进为三开间厨房，东侧为边厅。正面凹字墙，大门居于东次间山墙，上有砖雕门罩。前进明间为厅堂，次间为厢房，两廊及厢房窗栏板均有精美木雕。中进形制同前进，中设一方形天窗，铺玻璃明瓦以供采光。西山墙上嵌有一方『程培本堂』界石匾。1988年作为潜口民宅的组成部分被列为全国重点文物保护单位。

程裴图宅

位于休宁县万安镇古城岩明清建筑群内，建于清代。占地面积66平方米。坐西朝东，二进三开间。门罩砖雕暗八仙、宝瓶、花卉，内部木雕精美，雀替饰花卉，斜撑雕倒悬狮，楼栏板下檐雕『周文王私访』，大梁雕五福，两侧大梁雕『进士省亲』『回乡探母』，木隔扇窗饰宝瓶和书板，并雕菊花、荷花、牡丹、梅花。2004年作为休宁县万安镇古城岩明清建筑群的一部分被列为安徽省重点文物保护单位。

程鹏九宅

位于徽州区西溪南镇西溪南村东红组，建于清代。坐南朝北，占地面积160.97平方米。上下两对堂二层楼房，上下对堂在同一水平线上，中为天井。上下堂一样三间，明间厅过道，两次间房。楼上走马楼，三间分割，屋面无望，檐口有望板。

程祁文宅

位于歙县富堨镇中溪村三田五组，建于清代。坐南朝北，一进一统间楼房。通面阔5.7米，通进深4.6米，占地面积26.2平方米。

程启红宅

位于休宁县板桥乡凰腾行政村西北角，建于清代。占地面积113.16平方米。坐南朝北，呈四合布局。天井处铺青石板，立柱及柱础均为方形，雀替、斜撑雕饰草龙，二楼栏板外檐雕饰花卉，木隔扇窗饰方格、花卉、草龙，裙板雕刻方格『卍』字纹。

程启余、舒桂春宅

位于黟县碧阳镇郭门社区，建于清代。坐北朝南，开间19.35米，进深9.75米，占地面积171平方米。三开间带二厢有天井二层建筑，隔扇、横风窗、飞罩、构配件及门楼制作较好。2014年被列为黟县重点文物保护单位。

程千令宅

位于黟县碧阳镇赤岭村，建于清代。坐西朝东，开间8.3米，进深6.35米，占地面积52.7平方米。三开间二层建筑，有天井，砖木结构，木构架承重，木构配件、隔扇门窗等制作较好并保存完好。

程乾墉宅

位于歙县富堨镇中溪村凤凰五组，建于清代。坐东北朝西南，一进三开间楼房。通面阔14.7米，通进深7.4米，占地面积108.8平方米。有简易门楼，内部斜撑、隔扇等构件有雕刻。

程庆姣宅

位于歙县昌溪乡红旗村三眼井旁，建于清代。坐西北朝东南，一进三开间。通面阔9.75米，通进深8.05米，占地面积78.5平方米。西南开正门，东北方紧接有一厨房，正厅梁柁雕刻精美，厢房两侧花窗也较精致。

程庆新宅

位于祁门县历口镇环砂自然村，又名『德滋堂』，建于清末。坐东朝西，徽派砖木二层一进三开间，前设天井采光通风，屋内月梁、斜撑、雀替等雕刻保存较好，青石、木地板铺设地面。通面阔9.8米，通进深9米，占地面积88平方米。

程秋容等宅

位于黄山区汤口镇汤口社区河东路圆门洞，建于清代。占地面积99.75平方米。一进三开间，跑马楼式，一层高于二层，高约6.5米。木架结构穿斗式，三合土地坪，平铺式天井，板壁墙，圆柱方梁。

程秋艳等宅

位于歙县富堨镇青山村乔上组，建于清代。坐北朝南，一进三开间楼房。通面阔7.8米，通进深7.9米，占地面积61.6平方米。有门楼。

程任应等宅

位于歙县三阳镇三阳村，建于清代。坐南朝北。一进三开间楼房。通面阔7.55米，通进深6.15米，占地面积46.4平方米。门口小院亦为道路，院门有门庭，正屋有门楼砖雕，右边为房间，照壁后为楼梯。

程日升等宅

位于休宁县海阳镇万全村小南门组东南侧，建于清末。占地面积82平方米。二进三开间，坐西北朝东南，大门居中。内部结构较简单，雀替雕刻土龙图案，格子窗裙板图案已被铲。二楼护栏板完好，天花饰彩绘图案。

程荣妳、程彩淦宅

位于歙县许村镇跳石村下蒲田组，建于清代。坐北朝南，一进三开间楼房。通面阔9.5米，通进深9.4米，占地面积89.3平方米。无木雕，门楼上有简单砖雕。

程荣妳等宅

位于歙县许村镇跳石村下蒲田组，建于清末。坐北朝南，二进三开间楼房。通面阔9.8米，通进深13.75米，占地面积134.75平方米。有天井（猪槽式）。厢房已倒塌，木雕不存。

程荣忠宅

位于歙县许村镇许村006号，建于清代。坐东朝西，一进三开间楼房。通面阔9.5米，通进深9.57米，占地面积91平方米。大门有门楼，门楼有砖雕。保存较完整。

程汝根宅

位于歙县徽城镇鲍川村车轮湾自然村，建于清代。坐东朝西，一进二开间。通面阔5.1米，通进深5.6米，占地面积28.56平方米。二层，砖木结构，青砖墙，砂石地面。

程瑞国宅

位于黄山区谭家桥镇新洪村梓里组，建于清代。占地面积122.12平方米。一进五开间，属于偏房，地沟式天井，无斜撑，后铺水泥地面。

程润生宅

位于歙县桂林镇跳岭村三组，建于清代。坐南朝北，一进三开间楼房，砖木结构。通面阔 8.87 米，通进深 6.55 米，占地面积 58.1 平方米。

程善继等宅

位于歙县许村镇前村上九三组，建于清代。坐北朝南，二进三开间楼房。通面阔 9.1 米，通进深 9.9 米，占地面积 90 平方米。无雕刻，格子窗简单。

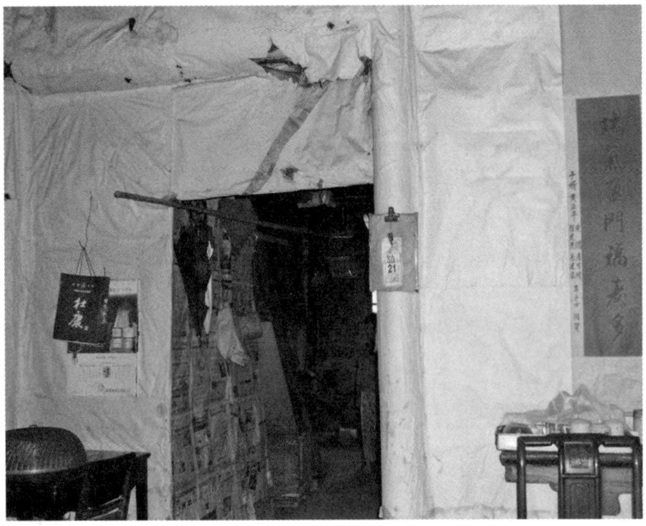

程生涛宅

位于歙县徽城镇渔梁街，建于清代。坐南朝北。通面阔5.8米，通进深11.4米，占地面积66.12平方米。结构简单，木质土墙二层，圆柱高墩支撑，玻璃格子门窗。前为大厅，后为厨房。

程省权宅

位于黟县宏村镇龙江村下轴组，建于清末。坐北朝南，开间9.5米，进深7.5米，占地面积71.3平方米，三开间二厢二层建筑，有天井。左厢侧门为入口，右前边门通厨房，照壁后上楼。木构配件、隔扇等制作精致。

程师昌宅

位于绩溪县瀛洲镇仁里村184号右侧，建于清代晚期。坐北朝南，硬山屋顶，占地面积145平方米。由偏厅、正厅和门厅三部分组成。正厅为一进三开间，二层楼房，前檐设一天井，撑拱承挑出檐，抬梁穿斗并用式梁架，三合土地坪。室内木雕构件雕刻精美。

程氏老宅

位于歙县王村镇王村后街558号北边，建于清代。一进三开间砖木结构二层建筑。通面阔9.25米，通进深10.9米，占地面积100.83平方米。大门朝东。

程氏老宅

位于歙县王村镇王村王家塘自然村，建于清代。二进三开间砖木结构二层建筑。通面阔14.6米，通进深13.3米，占地面积194.18平方米。东面大门临街，门楼有花鸟砖雕，较为精细。

程氏三宅

位于屯溪区柏树街6号、7号和28号，始建于明代中晚期。6号楼五开间，占地面积379平方米，南侧门墙内外均施门楼，镂雕双凤戏牡丹，拱面突雕满地翻叶大花，二层楼厅梁枋附有包袱、花卉彩绘。7号楼位于6号楼东侧，二宅中间设有防火巷，三开间，占地面积153平方米，井檐裙板自下而上用5道花板横向组装。28号楼三开间，占地面积462平方米。山墙内外均施门楼，外门楼为二柱三楼，麻石额枋雕刻精美，后进与前进由两侧庑廊连接。典型的明代建筑。2001年被列为全国重点文物保护单位。

程氏宅

位于黟县碧阳镇郭门社区泮邻街，建于明万历后期。坐西朝东，开间14.5米，进深14.68米，占地面积212.86平方米，俗称『全铁门大屋』。三开间二层建筑，厅堂宏丽宽敞，砖木结构，楼柱枋间以泥芦苇为壁，天花板饰以彩绘，梁架为抬梁式和穿斗式结合。梁柱用料较为硕大，工艺精良，线形流畅，曲线优美。1986年被列为安徽省重点文物保护单位。

程守安宅

位于祁门县历口镇环砂自然村，又名『顺德堂』，建于清代。坐东朝西，徽派砖木结构，二层一进三开间，砖制门罩，前设天井采光通风，青石、木地板铺设地面。通面阔10.8米，通进深8.7米，占地面积94平方米。

程寿炳宅

位于歙县富堨镇富堨村良元组，建于清代。坐西朝东，一进三开间楼房。通面阔9.5米，通进深9.4米，占地面积89.3平方米。

程寿康宅

位于歙县富堨镇中溪村三田三组，建于清代。坐西北朝东南，一进三开间楼房。通面阔8.8米，通进深8.4米，占地面积73.9平方米。有简易门楼，内部窗栏等构件有雕刻。

程寿年宅

位于黟县碧阳镇赤岭村，建于清代。坐西朝东，开间13.2米，进深8.8米，占地面积104.3平方米。主楼为三间两厢二层，有天井，前有院落。砖木结构，木构架承重，木构配件、隔扇等制作较好，并保存较完整。

程寿平宅

位于黟县碧阳镇赤岭村，建于清代。坐南朝北，开间8.65米，进深7.2米，占地面积62.3平方米。三开间二厢二层建筑，有天井。砖木结构，木构架承重，房屋整体较完整，木构配件较好。

程淑娟宅

位于绩溪县华阳镇城隍街4号，建于清代。坐北朝南，占地面积275平方米。二进三开间，进大门为一庭院，庭院的南侧为一小客厅，东西厢房，三合土地坪，外围封火墙。正厅为东西厢房，二层楼房，置一天井，后进为该宅的附属房和厨房。室内的斜撑、雀替及隔扇均有精美的雕刻。

程树槐宅

位于黟县碧阳镇郭门社区，建于清代。坐南朝北，开间10.9米，进深8.85米，占地面积96.5平方米。三开间带二厢上下厅中天井二层建筑，砖木结构，木构架承重。内隔扇门窗、横风窗、木构配件及门楼等制作较好。2014年被列为黟县重点文物保护单位。

程树均宅

位于绩溪县瀛洲镇仁里村197号，建于清代后期。坐西北朝东南，占地面积75平方米。一进三开间二层楼房。正厅两边没有装修，木质影壁后两边各一厢房，抬梁穿斗并用式梁架，三合土地坪。室内斜撑、雀替雕刻非常精美。

程树苗宅

位于祁门县祁山镇六都村六五组，建于清末。坐北朝南，徽派砖木二层一进三开间，二房二厢，砖质门罩，前设天井采光通风，屋内月梁、斜撑、雀替等雕刻保存尚可。通面阔10.2米，通进深8.5米，占地面积87平方米。

程顺利宅

位于歙县许村镇前村东山三组，建于清代。坐东朝西，二进三开间楼房。通面阔8米，通进深10.3米，占地面积82.4平方米。

程顺明宅

位于休宁县齐云山镇北山村酸梅树组18号，建于清代。占地面积53.28平方米。坐北朝南，一进三开间。门罩砖雕花卉、倒悬狮，内部木构架简单，柱础方形。

程松明、程胜利宅

位于歙县许村镇塔山村罗田二组，建于清代。坐西朝东，大门朝南开，二进三开间楼房。通面阔8.5米，通进深11.5米，占地面积97.75平方米。窗栏木雕已毁。

程松意宅

位于歙县许村镇许村环泉三组060号，建于明末。坐南朝北，二进三开间。通面阔10.6米，通进深13.9米，占地面积147.34平方米。大门有门楼，门楼有砖雕。楼下房间的窗子比较完整，楼上盖有小方砖。2006年被列为歙县重点文物保护单位。

程遂林宅

位于歙县郑村镇棠樾村天灯巷内。分为三座三合式住宅，前宅为清代建筑，后两宅为明代中晚期建筑。各宅前后相通，每进三开间二层。程遂林宅位于中部，建于明代中叶。面阔13.66米，进深8.54米，占地面积116.6平方米。明式砖雕门罩，门檐饰霸王拳，木门贴砖；宅内额枋作月梁式，承丁头拱，柱下有覆盆础。楼层前沿稍凸出，方形檐柱上端安插拱承檐，柱下部装裙板作栏杆；楼板地面铺方砖，耐磨防火；梁架皆为穿斗式，童柱下端作鹰嘴状。2013年被列为全国重点文物保护单位。

程太良、郑绪仙宅

位于徽州区潜口镇东山村，建于清代。坐东北朝西南，建筑面积127.14平方米。三开间上下两对堂砖木结构二层楼房，进门为门厅，两次间为住房。中为天井，朝天井开窗户，有格子窗扇和窗栏，坎下混水墙，照壁木皮门装修。

程天赐宅

位于黟县宏村镇汤蜀村潭川组，建于清代。坐东北朝西南，开间9.05米，进深12.28米，占地面积111.1平方米。三开间带二厢上下厅中天井二层建筑，右厢侧耳门通厨房，左厢内上楼。三合土地坪。

程天水宅

位于黟县宏村镇龙江村上轴组，建于清末。坐北朝南（偏西），开间9.35米，进深12.5米，占地面积116.9平方米。三开间前后厅二层建筑，中天井，正面大门，左侧门通路，右侧门通厨房，照壁后上楼。木结构及装修等保存完整，砖木石制作较好。

程皖南等宅

位于休宁县海阳镇玉宁社区文昌坊24-4号，建于清代。占地面积135.44平方米。坐北朝南，呈四合。地面铺红砂石板，柱础方形，斜撑、雀替雕花草，挂落饰冰裂纹，木隔扇窗饰几何图案。

程汪久宅

位于绩溪县瀛洲镇仁里村177号，建于清代晚期。坐东北朝西南，占地面积146平方米。前后两进，二层楼房，硬山屋顶，三合土地坪，外围封火墙，前檐部设一天井。木质影壁后设一楼梯，后进檐部也设一天井。门楼上的砖雕门罩雕刻较简单，室内的木雕构件雕刻非常精美。

程旺彬宅

位于祁门县历口镇环砂自然村，又名『萃和堂』，建于清代。坐东朝西，徽派砖木二层一进三开间结构，砖雕门罩，前设天井采光通风，屋内隔扇木雕保存尚可，青石、木地板铺设地面。通面阔9.6米，通进深8.7米，占地面积84平方米。

程旺春、周小平宅

位于黟县碧阳镇赤岭村，建于清代。坐东朝西，开间9.85米，进深7.65米，占地面积75.7平方米。三开间二层建筑，有天井。砖木结构，木构架承重。房屋整体较完整，木构配件、隔扇门窗等木雕较好。

程为齐宅

位于歙县许村镇前村东山四组078号，建于清代。坐东朝西，一进三开间楼房。通面阔9米，通进深6.8米，占地面积61.2平方米。原天井已被盖，门前墙重砌，无砖木雕刻。

程维甫宅

位于歙县森村乡满田村，建于清末。坐南朝北，一进三开间。通面阔9.2米，通进深7.05米，占地面积64.9平方米。门前有精美砖雕，圆柱方梁，上下两层，内设简洁明了。

程维民宅

位于绩溪县瀛洲镇仁里村173号，建于清代晚期。坐北朝南，占地面积93平方米。一进三开间二层楼房，前檐檐部设一天井，撑拱承挑出檐，抬梁穿斗并用式梁架，三合土地坪，外砌封火墙，梁架和基础较好，室内的撑拱、雀替、窗栏板等木雕雕刻精美。

程维新一号宅

位于黟县碧阳镇南屏村，建于清末。坐北朝南，开间10.25米，进深10.1米，占地面积103.5平方米。一进三开间一天井二层建筑，木构架承重，总体保存情况较好。

程文生等宅

位于歙县许村镇前村上九四组，建于清代。坐北朝南，二进三开间楼房。通面阔8.75米，通进深10.55米，占地面积92.3平方米。

程文胜宅

位于绩溪县瀛洲镇仁里村26号，建于清代晚期。坐北朝南，占地面积105平方米。二进三开间二层楼房，前进为正厅，东西厢房，前檐设天井，后进为厨房和附属房，硬山屋顶，三合土地坪，外围封火墙，台阶和门框用黟县青砌筑，室内门窗雕刻等精美。

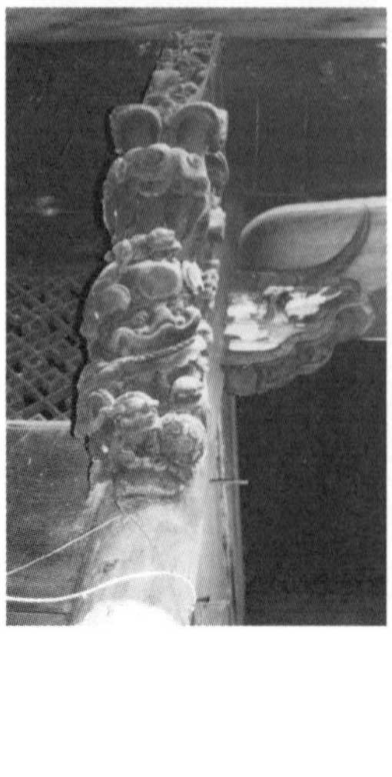

程文胜宅

位于黟县宏村镇屏山村，建于清末。坐北朝南，开间14.14米，进深10.86米，占地面积153.6平方米。五开间带二厢中天井加前廊二层建筑。左厢侧耳门通外巷路。三合土斜方格地面。

程文武宅

位于歙县许村镇跳石村下蒲田自然村，建于清代。坐西朝东，二进三开间楼房。通面阔9.7米，通进深13.9米，占地面积134.83平方米。有天井，整栋楼房保存较好。格子门，梁撑木雕保存较完整。

程文治、程文达宅

位于歙县徽城镇南源口村，建于清代。坐北朝南，一进三开间二层建筑。通面阔6.5米，通进深7.5米，占地面积48.75平方米。砖木结构，有砖雕门楼。

程稳良宅

位于歙县雄村镇柘林倍村，建于清代。坐北朝南，二进三开间二层楼房。通面阔9.6米，通进深12米，占地面积115.2平方米。大门口有门楼，有简易砖雕。有格子窗、一个天井、圆形石础，两边有厢房。

程细贤宅

位于休宁县板桥乡樟前行政村132号，建于清代。占地面积55.8平方米。坐东北朝西南，一进三开间。青石门洞，天井处铺青石板，立柱及柱础方形。雀替雕花卉，斜撑雕刻渔、樵、耕、读人物图案，二楼栏板外檐雕饰人物故事、大卷叶纹，木隔扇窗饰宝瓶、花卉、蝙蝠，裙板雕人物、宝瓶、『寿』字及土龙。

程先年宅

位于黟县碧阳镇南屏村，建于清代。坐东朝西，开间8.75米，进深7.85米，占地面积68.7平方米。三开间带二厢有天井二层建筑。

程贤弟宅

位于歙县森村乡满田村，建于清末。坐东朝西，一进三开间。通面阔9.8米，通进深7.1米，占地面积70平方米。圆柱方梁，门庭有精美砖雕，内设简洁明了。

程祥辉宅

位于歙县许村镇跳石村愚公组，建于明代。坐西朝东，一进三开间楼房。通面阔9.8米，通进深9.3米，占地面积91.14平方米。原为豆腐店，内部结构简单，无砖木雕。

程祥良、丁建华宅

位于黟县宏村镇汤蜀村潭川组，建于清末。坐北朝南，开间10.68米，进深8.4米，占地面积90.8平方米，三开间带二厢有天井二层建筑。左边间前檐墙门为入口大门，右厢侧耳门通厨房，照壁后上楼。三合土斜方格地面。

程祥龙宅

位于歙县许村镇许村高阳组139号，建于清代。坐西朝东，一进三开间，有楼。通面阔9.1米，通进深6.6米，占地面积60平方米。梁架简单，少有雕刻。

程祥兴宅

位于绩溪县长安镇大源乡上源村67号，建于清代晚期。坐西北朝东南，占地面积87.42平方米。硬山屋顶，砌封火墙，抬梁穿斗并用式梁架，三合土地坪。天井设在前檐，撑拱承挑出檐，檐部装置裙板，矮窗不存，东西厢房，二楼通转，大门开在南檐墙中部，门楼上饰五飞砖门罩，砖雕精致，室内斜撑精美。

程祥颐、汪连香宅

位于歙县桂林镇跳岭村三组，建于清代。坐北朝南，一进三开间，砖木结构。通面阔12.5米，通进深5.9米，占地面积73.8平方米。有楼。

程祥月宅

位于绩溪县瀛洲镇仁里村180号，建于清代晚期。坐北朝南，占地面积194平方米。硬山屋顶，东、西、南三向砌封火墙，抬梁穿斗并用式梁架，撑拱承挑出檐，三合土地坪。分前后两堂，中设条石天井，后堂明间上首悬挂嵌螺钿木匾额上书『诒穀堂』。二楼通转，室内撑拱、窗门等雕刻精美。

程向明宅

位于徽州区潜口镇东山村，建于清代。坐北朝南，建筑面积88平方米。三开间上下对堂砖木结构二层楼房。大门开在正面中间，进门为厅，大方砖斜铺，中为天井，红石铺砌。楼上走马楼，上堂两次间辟作房，下堂亦为厅。

程小苟、程学志宅

位于徽州区呈坎镇灵山村舍头自然村，建于清代。建筑面积150.7平方米。二进三开间楼房，上下对堂。上堂明间为客厅，两次间辟作住房，东庑设楼梯登楼，由上廊往下廊登临，楼上为走马楼，上下堂各辟一厅两住房，屋面无望，天井沿口有飞椽望板。

程小黑宅

位于歙县森村乡满田村，建于清道光年间。坐西朝东，前后三进。通面阔10.1米，通进深16米，占地面积161.6平方米。门楼有精美砖雕。中为天井，条石砌边，房内两厢雕花屏门相隔，有木雕构件，圆柱方梁。

程小虎宅

位于绩溪县瀛洲镇仁里村41号，建于清代晚期。坐东北朝西南，占地面积155平方米。三进三开间二层楼房。前进为正厅，两边为厢房，二楼矮窗装饰；二进称后堂，两边有厢房；后进为厨房及附属房。硬山屋顶，抬梁穿斗并用式梁架，三合土地坪，外围封火墙，室内木雕构件雕刻精美。

程小宇宅

位于绩溪县瀛洲镇仁里村191号，建于清代晚期。坐东北朝西南，占地面积86平方米。一进三开间，左右厢房，正屋前有一通道，庭院两侧各有一附属房，正屋后有一通道，梁架和基础较好，室内木雕构件雕刻精美。

程新娇宅

位于歙县雄村镇航步村，建于清代。坐东朝西，二进三开间楼房。通面阔10.6米，通进深11.6米，占地面积122.96平方米。内部有斜撑、格子门、格子窗，有厢房。

程新生宅

位于休宁县海阳镇竹背后行政村上古塘自然村8号，建于清代。占地面积112.3平方米。坐北朝南，二进三开间布局，开边门。柱础呈石鼓状，木雕刻极为丰富精美，梁、楼板雕饰席纹、回纹、乳丁纹、弦纹、葵花纹；窗隔扇雕刻蝙蝠、土龙；斜撑镂空雕刻树、动物、花鸟，梁为方形，饰有阳刻的八宝图案；梁柱间雕饰四马奔腾图案。

程新中宅

位于黟县碧阳镇钟山村田二组，建于清末。坐北朝南，开间10.1米，进深8.05米，占地面积81.3平方米。三开间二层建筑，砖木结构，彩绘天棚，木构架及木雕刻较好。

程信征宅

位于徽州区岩寺镇岩寺广惠居委会，建于清代。坐西北朝东南，建筑面积161.7平方米。一进三开间二层楼房，明间厅，两次间房。楼上三间分割，坎上沿天井一圈装格子门，屋面铺望板，檐口铺望砖。

程兴帮宅

位于黟县宏村镇屏山村，建于清代。坐东朝西，开间8.44米，进深8.27米，占地面积70平方米。三进带二厢有天井二层建筑，右厢耳门通外巷路，右边间前檐门通厨房，木构配件及装修等制作精美别致。

程兴民、胡顺珍宅

位于黟县宏村镇屏山村，建于清末。坐西朝东，开间9.64米，进深15.64米，占地面积171.7平方米。二进三开间带二厢二层建筑。厢廊左侧门通外巷道，大门前有庭院，后檐墙门通厨房。

程雅娣宅

位于绩溪县瀛洲镇汪村村东，建于清代后期。坐北朝南，占地面积302平方米。三进五开间，前、中、后进各设一天井，前后通转，撑拱承挑出檐，抬梁穿斗并用式梁架，硬山屋顶，三合土地坪，外砌封火墙。

程艳芳宅

位于休宁县东临溪镇大阜行政村38号，建于清代。占地面积105.47平方米。坐北朝南，一进三开间，门口筑三步青石台阶，天井处铺青石板，厅为水磨金砖铺地，柱础呈方形及圆鼓状，斜撑雕花卉，挂落呈菱形，木隔扇窗雕饰蝙蝠、宝瓶、金钱及变形『寿』字。

程雁宾宅

位于歙县上丰乡禹川村，建于清代。坐西北朝东南，二进三开间二层楼房。通面阔9.4米，通进深8.3米。上堂有厢房，天井两侧有廊。梁头有天官、老寿星和仙鹤等木雕，隔扇门花纹精美，上堂正中上方悬挂『九世医家』匾。全堂红漆。

程一华等宅

位于休宁县板桥乡凰腾行政村沿河路28号，建于清代。占地面积60平方米。坐西南朝东北，呈四合布局。门罩砖雕饰花鸟，天井处铺青石板，立柱及柱础均方形，雀替、斜撑均雕刻草龙，额枋雕『双鱼吉庆』图案。

程一娟宅

位于黟县碧阳镇柏山村江柏山组，建于清代。坐西北朝东南，开间9.9米，进深7.7米，占地面积76.2平方米，三开间带二厢有天井二层建筑。砖木结构，有彩绘天棚，木构架制作较好。

程忆生宅

位于休宁县陈霞乡陈霞村霞瀛组村中央，建于清代。占地面积101.25平方米。坐西朝东，一脊两堂布局。前、后均三开间，地面铺长条麻石，立柱、柱础皆方形，地袱石装饰花卉。雀替饰花卉，月梁饰如意，二楼栏板外雕如意、花卉。现因修月潭水库而毁。

程益民宅

位于歙县绍濂乡五丰村五组，建于清代。坐东朝西，二进三开间。通面阔8.85米，通进深10米，占地面积88.5平方米。仅有前进，有天井，有梁枋、雀替。

程英良宅

位于黟县碧阳镇石亭村，建于清代。坐北朝南，开间10.3米，进深10米，占地面积103平方米。三开间厅堂式带二厢有天井二层建筑。隔扇门窗、横风窗等木构配件和大门砖雕门楼保护较好。

程英顺、余志安宅

位于黟县碧阳镇柏山村下历组，建于清代。坐西北朝东南，开间10.4米，进深21.25米，占地面积221平方米，二进三开间带二厢二天井二层建筑（前进为上、下厅，中天井）。砖木结构，木构配件及隔扇制作较好。

程迎春宅

位于歙县雄村镇义成村二组，建于清代。坐东朝西，二进一开间。通面阔10.2米，通进深5.3米，占地面积54.1平方米。二层砖木结构，大门有门楼。

程应鹏宅

位于黄山区谭家桥镇新洪村梓里组，建于清代。占地面积236.3平方米。二进五开间，穿斗式，水磨石地面（斜方格装饰），板壁墙体，平铺式天井，天棚望砖。天井上檐斜撑8个，梁袱6个。梁柱多为白果木。

程永季宅

位于歙县徽城镇渔梁街227号，建于清代。坐北朝南，木质土墙二层建筑。通面阔5.25米，通进深6.7米，占地面积35.18平方米。结构简单，玻璃格子门窗，方柱支撑。保存较好，有改建。

程永健宅

位于祁门县历口镇环砂自然村，又名『敦义堂』，建于清代。坐东朝西，徽派砖木二层一进三开间结构，北侧设边门进出，砖制门罩，前设天井采光通风。屋内隔扇、花窗保存较好，青石、木地板铺设地面。通面阔10.2米，通进深9.7米，占地面积99平方米。

程永盛宅

位于祁门县历口镇环砂自然村，建于清代。坐东朝西，徽派砖木二层一进三开间结构。双面砖雕门罩，前设天井采光通风，屋内隔扇部分缺失，青石、木地板铺设地面。通面阔10.8米，通进深10.4米，占地面积112平方米。

程友庆宅

位于黟县碧阳镇赤岭村，建于清代。坐西朝东，开间9.9米，进深8.35米，占地面积82.7平方米，三开间二层建筑，有天井，砖木结构，木构架承重。

程友谊宅

位于黟县碧阳镇横岗村，建于清末。坐西朝东，开间9.3米，进深7.75米，占地面积72.1平方米，一进三开间一天井二层建筑，照壁后上楼，天井形制较完整，楼行栏杆雕刻精美，保存相对完整，天花板有彩绘。

程有洪宅

位于歙县许村镇前村12号，建于清代。坐东朝西，一进三开间。通面阔11.6米，通进深6.9米，占地面积80平方米。

程又新宅

位于歙县郑村镇棠樾村槐塘组，建于清代。坐北朝南，一进三开间。通面阔10.8米，通进深7.55米，占地面积81.54平方米。上下两层，内有天井，大门门罩有雕刻，梁撑上有梁柁，两进厢廊，有格子门、格子窗。青砖铺地。

程雨时宅

位于黟县碧阳镇钟山村田二组，建于清代。坐北朝南，开间9.3米，进深7.3米，占地面积67.9平方米。三开间带二厢有天井二层建筑，砖木结构。

程雨田宅

位于黟县碧阳镇钟山村田二组，建于清末。坐西南朝东北，开间9.9米，进深7.95米，占地面积78.7平方米。三开间二层建筑，砖木结构，木构架、门楼较好。

程玉海等宅

位于黄山区汤口镇汤口社区老供销社地段，建于清代。占地面积92.16平方米。一进三开间，跑马楼式，一层高于二层，高约6.5米。立面马鞍形，木架结构穿斗式，平铺式天井，青砖地面，板壁墙，圆柱方梁。

程玉华宅

位于徽州区潜口镇潜口村前街巷，建于清代。坐北朝南，建筑面积89.34平方米。一进三开间二层楼房，楼下三间为一显厅，大方砖斜铺地。楼上分三间，明间厅，两次间房，上堂有双重檐，屋面有望砖。

程玉兰宅

位于绩溪县华阳镇八角井路4号，建于清代晚期。坐北朝南，占地面积160平方米。一进三开间二层建筑，粉墙、黛瓦，外围封火墙，地面高出路面约10厘米，进大门为庭院，正厅为东西对称各置厢房，一天井。室内的斜撑、雀替均有精美的雕刻，门楼上的砖雕门罩精美。

程玉清宅

位于歙县许村镇跳石村下蒲田组，建于清代。坐西朝东，二进三开间楼房。通面阔9.95米，通进深13.65米，占地面积130.4平方米。内部构造较简单，有天井，大门从左侧开，门上有砖雕。

程玉庭宅

位于绩溪县华阳镇西山古民居群19号，建于清代晚期。坐北朝南，占地面积190平方米。上下对堂，中间设置天井，前堂为拱形轩顶，后堂为正厅，上下楼房，东西厢房，天井两边的过厢上层用木雕镂空雕回纹、方格纹饰，屋内雀替、斜撑雕刻精美。2000年被列为绩溪县重点文物保护单位。

程育仪宅

位于歙县富堨镇承狮村，建于清光绪年间。坐北朝南，一进三开间楼房。通面阔10.6米，通进深8.95米，占地面积94.9平方米。梁上有雕花。

程元开宅

位于歙县雄村镇朱村八组，建于清代。坐西朝东，一进二开间。通面阔9.65米，通进深6.92米，占地面积66.78平方米。格子窗，有石鼓，有天井。

程元太宅

位于绩溪县瀛洲镇仁里村186号，建于清代晚期，是著名教育家程本海的故居。坐东北朝西南，占地面积66平方米。一进三开间二层建筑，硬山屋顶，三合土地坪，外围封火墙，前檐设一天井，正厅的上首悬挂一块『仁德堂』匾额，室内的木雕构件雕刻精美。

程月华宅

位于黟县碧阳镇横岗村，建于清代。坐北朝南，开间9.5米，进深7.35米，占地面积69.8平方米。一进三开间一天井二层建筑。隔扇门窗、木雕构配件及飞罩等基本保存完好，照壁后上楼，天花板彩绘。

程跃华宅

位于黟县碧阳镇南屏村，建于清代。坐北朝南，开间9.3米，进深6.35米，占地面积59平方米。三开间带二厢二层建筑，砖木结构。

程跃穗宅

位于绩溪县长安镇大谷行政村石塘坑自然村，建于清代后期。坐西北朝东南，占地面积157.3平方米。前后两进，前进为上下对堂，二楼通转，中置天井，撑拱承挑出檐，正厅两侧为厢房，三合土地坪，正厅上下堂两侧相对的窗门及窗栏板雕刻精美，但窗栏板在『文革』时遭到破坏，后进为附属房，不设楼，屋面没有明瓦。建筑保存完整。

程跃武宅

位于黟县碧阳镇赤岭村，建于清末。坐东朝西，三开间二层建筑。开间8.5米，进深6.75米，占地面积57.4平方米。有天井，砖木结构，木构架承重，房屋整体保存较完整。

程运和宅

位于祁门县祁山镇六都村六三组，建于清末。坐北朝南，徽派砖木一进三开间二房二厢二层建筑。大门朝东，前设天井采光通风，屋内雀替、隔扇、花窗等雕刻保存一般。通面阔9米，通进深7.8米，占地面积70平方米。

程灶茂等宅

位于歙县三阳镇中村，建于清代。二进三开间一明堂二层建筑。通面阔6.8米，通进深10.6米，占地面积72.1平方米。大门有门楼，门楼砖雕被破坏。

程灶祥宅

位于黟县碧阳镇古黄村古筑组。建于清代。坐西朝东，开间8.2米，进深6.45米，占地面积52.9平方米。三开间带二厢有天井二层建筑，砖木结构，木构配件及隔扇、横风窗制作较好。

程泽民宅

位于歙县雄村镇航步村，建于清代。坐北朝南，二进三开间二层楼房。通面阔8.1米，通进深11.2米，占地面积90平方米。有格子窗。大门口有门楼花窗。有方形石柱础。有一天井，现已被遮盖。

程哲红宅

位于黟县碧阳镇南屏村，建于清代。坐东朝西，开间10.15米，进深7.4米，占地面积75.1平方米。三开间带二厢有天井二层建筑。砖木结构，木配件及隔扇制作精致，有横风和楼行栏杆，门楼制作较好。

程哲明宅

位于黟县碧阳镇南屏村，建于清代。坐东北朝西南，开间9.44米，进深8.1米，占地面积76.4平方米。三开间带二厢有天井二层建筑，砖木结构，总体制作较好。

程振劼宅

位于黄山区甘棠镇庄里村塘塝组，建于清代。二进三开间，占地面积123.36平方米。分前室与后堂，中有天井，左右与后面均有檐屋相连，木架结构穿斗式，大多为松木建造，屋顶天花有望、无卷棚，天井有四个斜撑，饰有『和合二仙』『狮子绣球』等。

程正光宅

位于歙县溪头镇洪村口村，建于清代。坐西朝东，前走廊，一进三开间楼房。通面阔7.55米，通进深10.85米，占地面积81.9平方米。内部设施保存较好。有简易砖雕门楼。

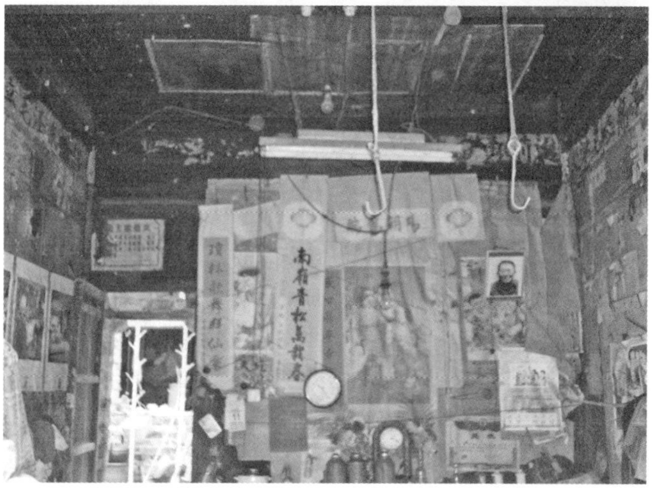

程正华宅

位于歙县雄村镇庄源村一组，建于清代。坐北朝南，二进三开间二层建筑。通面阔8.74米，通进深9.54米，占地面积83.4平方米。有天井、格子门、格子窗、方石础、门套、简易门楼。

程正仁宅

位于绩溪县瀛洲镇仁里村187号，建于清代晚期。坐西朝东，占地面积148平方米。由门厅、正厅和厨房三部分组成。一进三开间二层楼房。前檐檐部设一天井，撑拱承挑出檐，抬梁穿斗并用式梁架，三合土地坪，木质影壁后设一楼梯，楼梯旁有一通道，通往厨房。室内木雕构件雕刻精美。

程正旺宅

位于黟县碧阳镇横沟弦街，建于清初。占地面积66.78平方米，建筑面积158.38平方米。带厢房砖木结构建筑。与之毗邻的002号、004号住宅原为一体，后分割开来，此为最后一进。有马头墙、封山墙。楼层为四架五檩构架，设飞椽，前后双坡屋面，覆青灰小瓦。东西边间为厢房，隔扇窗和遮羞栏杆为夔龙、人物雕刻，生动精美，保存完好。2014年被列为黟县重点文物保护单位。

程志华宅

位于黟县宏村镇汤蜀村潭川组，建于清末。坐东北朝西南，开间9.5米，进深7.93米，占地面积75.3平方米。三开间带二厢有天井二层建筑。右厢侧耳门通厨房，大门朝前院。三合土地坪。

程志坚宅

位于于祁门县祁山镇六都村六二组，建于清末。坐北朝南，徽派砖木二层五开间四房二厢一厅。前有院，院之东墙建有木雕门楼，正屋大门有砖雕门罩，前设天井采光通风。通面阔13米，通进深8.5米，占地面积111平方米。

程志康、余新建宅

位于黟县碧阳镇钟山村余光组，建于清末。坐北朝南，开间9.75米，进深9.3米，占地面积90.7平方米。三开间二层建筑，砖木结构。

程志前宅

位于黟县碧阳镇横沟弦街，建于明末清初。占地面积168.71平方米，建筑面积333.24平方米。五进四开间砖木结构三层建筑。楼层为八架九檩穿斗式构架，设飞椽。梁袱、斜撑、雀替、平盘斗等雕刻精美，颇有明式遗风，保存现状较好。2014年被列为黟县重点文物保护单位。

程志祥宅

位于黟县碧阳镇古黄村古筑组，建于清代。坐东北朝西南，开间10.15米，进深7.05米，占地面积71.6平方米。三开间带二厢有天井二层建筑，砖木结构。

程中浩宅

位于歙县溪头镇洪村口村湖岔组，建于清代。坐南朝北，一进三开间二层楼房。占地面积54平方米。砖木结构，两边有宽0.85米的楼梯。内部结构保存较完好，有雕刻。

程中平、程金祥宅

位于歙县许村镇前村上九三组，建于清代。坐东朝西，二进三开间楼房。通面阔6米，通进深10.3米，占地面积61.8平方米。斜撑木雕保存一半，另一半被拆除。

程中旭宅

位于绩溪县家朋乡和阳村，建于清代晚期。坐东北朝西南，占地面积82平方米。前后两进，二层楼房。前进原为裁缝店，后进和楼上住人，后进檐墙有一天井，撑拱承挑出檐，抬梁穿斗并用式梁架，三合土地坪，整栋建筑保存完整。

程仲宅

位于歙县王村镇王村老街136号，建于清代。坐东朝西，二进三开间砖木结构二层建筑。通面阔9.4米，通进深11.5米，占地面积108.1平方米。门临王村老街，内部有雕刻。

程周顺宅

位于黟县碧阳镇赤岭村，建于清代。坐南朝北，开间9.3米，进深8.1米，占地面积75.3平方米。三开间二厢二层建筑，有天井。砖木结构，木构架承重，整体保存较完整，门窗部分拆改，屋面天井封闭，厅地面加铺木地板。

程自力宅

位于徽州区岩寺镇虹光村虹梁二组，建于清代。坐西朝东，建筑面积110.03平方米。三开间一脊翻两堂二层楼房。大门开在东庑，进门即西厢房，楼上明间地面红石铺砌，次间为住房。后堂红石板铺地，明间厅，两次间房，楼上走马楼。

程自鹏宅

位于黄山区甘棠镇庄里村茶行组，又名『燕翼堂』，建于清同治五年（1866）。一进三开间，占地面积128.05平方米。木架结构穿斗式，厅前有天井、卷棚、望砖，青泥花砖墙面，水门汀地面伴有各类棱形花纹，卷棚下2个月梁为双狮绣球，其柱大多为白果木，梁多为松木。

程自强宅

位于黄山区甘棠镇庄里村黄荆组，建于清代。二进五开间二天井，占地面积288.75平方米。木架结构穿斗式，水门汀地面，木质为松木，青泥花砖墙面，前后天井多个斜撑被拆，卷棚月梁尚存。前面有一小院，后进有阁楼，南北两侧有偏房。

崇德堂

位于歙县北岸镇白杨村上村自然村，建于明末。坐南朝北，二进三开间。通面阔10.7米，通进深13.05米，占地面积139.64平方米。门楼有部分砖雕，内无木雕。

崇德堂

位于歙县杞梓里镇小源村，建于清末。坐东北朝西南，二进三开间。通面阔9.7米，通进深11米，占地面积106.7平方米。中有天井。青石门框，饰以砖雕门楼。

崇礼堂

位于歙县坑口乡薛源村柔川自然村，建于清代。坐东北朝西南，宅右侧及宅后有附宅五间，大小不等，均为三间靠壁天井，依天井采光。占地面积667.91平方米。主宅四合式，上下对堂。屏门、窗衣雕刻精美，砖雕精美。2006年被列为歙县重点文物保护单位。

崇善堂

位于黟县宏村镇塔川村西山组，建于清代。坐北朝南，开间10.7米，进深10.4米，占地面积112平方米。三开间厅堂式二层建筑。有天井，正面大门，照壁后上楼。木构架、装修完整，木构配件、窗、飞罩等制作精致。

崇志堂

位于黟县宏村镇宏村，建于清咸丰年间。建筑面积178平方米，坐北朝南。古民居内窗、莲花门、椇窗门保存完整。一楼宽大明亮，窗搁栅木雕保存较好，厢房内有夹层，二楼四合院。

稠木岭29号宅

位于歙县徽城镇鲍川村稠木岭自然村，建于清代。坐北朝南，二进三开间。通面阔13.6米，通进深19.6米，占地面积267平方米。前后布局，木质土墙双层结构。圆柱方墩支撑，玻璃格子门窗，前后进有门套和过道。有简单木刻雕栏，大门上有门罩，后进内有天井。

稠木岭33号宅

位于歙县徽城镇鲍川村稠木岭自然村，建于清代。坐南朝北，砖木结构二层建筑。通面阔13米，通进深7.4米，占地面积83平方米。有格子窗。

稠木岭44号宅

位于歙县徽城镇鲍川村稠木岭自然村，建于清代。坐北朝南，一进三开间二层楼房。通面阔4.5米，通进深9米，占地面积40平方米。砖木结构，内部有简单雕刻。

稠木岭72号宅

位于歙县徽城镇鲍川村稠木岭自然村，建于清末。坐北朝南，砖木结构二层建筑。通面阔9.7米，通进深8.9米，占地面积86平方米。圆柱方梁支撑，格子窗。门楼有雕刻，保存较完整。

稠木岭73号宅

位于歙县徽城镇鲍川村稠木岭自然村，建于清代。坐南朝北，砖木结构二层建筑。通面阔6.9米，通进深17.8米，占地面积123平方米。圆柱方梁支撑。门楼有雕刻。格子门窗有雕刻，内有天井。

储腊香宅

位于黟县宏村镇龙江村蓬厦组，建于清代。坐东北朝西南，开间9.5米，进深7.64米，占地面积72.6平方米。三开间带二厢二层建筑，有天井，照壁后上楼。木构架保存较完整。

储罗松宅

位于黟县碧阳镇星火村中光组，建于清代。坐北朝南，开间10米，进深8.85米，占地面积88.5平方米。三开间二厢砖木结构二层建筑，有天井。木构架承重，木构架等保存较完整，构配件、隔扇门窗等保存较好。

储丫头宅

位于黟县宏村镇宏村，建于清代。坐北朝南，三开间二层建筑。占地面积139平方米。

楚善堂

位于歙县霞坑镇里方村二组，建于清代。坐南朝北，二进三开间三层楼房。前有院子，通面阔9.9米，通进深20.6米，占地面积204平方米。大门有砖雕门楼。外有庭院。

楚馀堂

位于歙县霞坑镇里方村三组，建于清代。坐东朝西，二进三开间三层建筑。通面阔8.4米，通进深14.4米，占地面积121平方米。大门门楼有较精美的砖雕。梁枕、雀替、斜撑等构件有雕刻。

慈善堂

位于歙县石门乡岭后村五组190号，建于清代。二进三开间。通面阔10.5米，通进深8米，占地面积84平方米。木质结构，有木雕，有楼。大门有门楼，有简易砖雕。

刺史第

位于绩溪县冯村村中央，建于明代。坐北朝南。砖木结构，硬山屋顶。五进五开间，占地面积160平方米。大门两旁有抱鼓石、荷花柱；垂带板上镌刻如意、花卉；大门外框用水磨青砖砌筑成二柱单间三楼式门楼，匾额书『刺史第』三字，四边盘以龙凤纹；门楼的梁枋间有砖雕装饰，极为精美。

聪听堂

位于婺源县思口镇延村，建于清道光年间。占地面积210平方米，为儒商金嘉藻商宅。其家族人丁兴旺，交往多为儒学大家，屋中存有清『桐城派』代表人物、著名文学大师姚鼐的墨迹匾额。正屋大门为水磨青砖门面，门罩翘角飞檐，砖雕讲究，二进三开间，入口有前院。2005年被列为上饶市重点文物保护单位。

从心堂

位于歙县郑村镇棠樾村，建于清嘉庆十一年（1806），存爱堂的后建新厅堂。通面阔10.2米，通进深19.5米。大门有精美的砖雕门罩，上刻琴、棋、书、画等博古图及八仙图案。厅三开间四合式，前后倒厅，上有楼，前有人字轩腰檐，堂前有天井。屋原有楼房多进，园院、庖湢之属俱全。堂取名『从心』，是希望后人齐心合力，促使家族兴旺之意。2013年被列为全国重点文物保护单位。

崔保民宅

位于黄山区耿城镇饶村星火组，建于清末。一进三开间民宅，高约6米，占地面积91.65平方米。木架结构穿斗式。水门汀地面，平铺式天井，板壁墙，卷棚望砖。卷棚处有月梁一对。

崔朝明宅

位于黄山区甘棠镇凤凰村大屋组，建于晚清。建筑面积98.5平方米。二进三开间民宅，木架结构穿斗式。分前屋和后堂，前后堂均有阁楼，中部有天井，天井上有斜撑8个，其中4个狮子绣球，屋顶有望砖，水门汀地面，青花砖墙。

崔高潮宅

位于黄山区甘棠镇老街（原凤凰村大屋组），建于清代晚期。二进三开间，门向南，占地面积212.8平方米。前后分两个天井，木架结构穿斗式。水门汀地面，白灰墙面，前进为厅堂，西侧厢房，后进三间均为房间，后进有阁楼。前进有斜撑7个。

崔鹤群宅

位于黄山区甘棠镇甘棠社区，建于清代中期。二进三开间民居，占地面积约135.6平方米，穿斗式木架结构。水门汀地面，青泥花墙，望砖天棚，前后进之中有一天井，梁柱多由松木、柏木等制成。天井处有斜撑8个狮子绣球。

崔建华等宅

位于黄山区甘棠镇大桥村赵二组，始建于清代。占地面积416.25平方米。硬山式，二进七开间，木架结构穿斗式。水门汀地面，青泥花砖墙，有天棚、望砖。前后堂中有1个大天井，两侧厢房各有1个天井，后堂天井处有月梁1对，斜撑残存8个。院内右侧有一明代古井，古井边有一花岗岩质马槽。

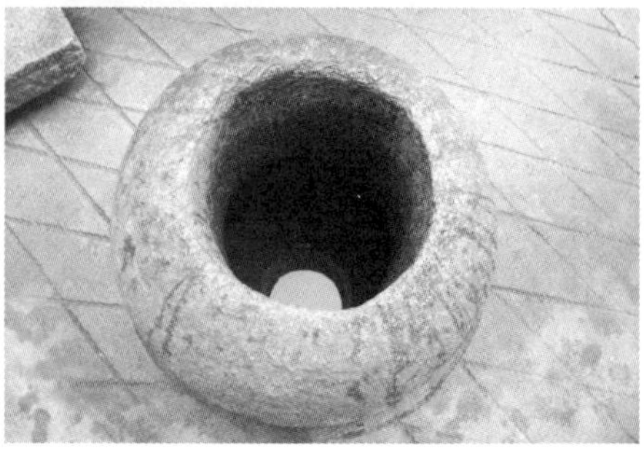

崔剑峰宅

位于黄山区仙源镇龙山村西门组，建于清代。占地面积140平方米。二进三开间，穿斗式。框架、现存的木构件均保存完好。水门汀地面，平铺式天井。内有斜撑8个，梁袱6个，格子窗2副，格子门栅共6块。

崔强英宅

位于黄山区甘棠镇甘棠社区前山组，建于清代晚期。占地面积94.2平方米。一进三开间，室内有一天井，水门汀地面，木架结构穿斗式。白灰墙，天棚望砖，中柱直接到顶，天井上6个斜撑均被毁，中堂一步梁处有一对人物雕像。门向南，穹顶门，门上檐有蓝色『州司马』『宣统二年十月』字样。

崔庆华宅

位于黄山区永丰乡永丰村劳武组北部，建于清代。占地面积183.89平方米。门向南，一进七开间，左厢一间倚屋，木架结构穿斗式。斜方格纹水门汀地面，平铺式天井，板壁墙，天棚望板，圆柱方梁。

崔神求宅

位于黄山区甘棠镇凤凰村凤凰组，建于清代。一进三开间阁楼式民宅，具有西洋风格。硬山式，前有宅院，左厢有一偏房。占地面积103.53平方米，高约9米，木架结构穿斗式。水门汀地面，白灰墙，暗天井，天棚有望砖，中柱直接到顶。一层高于二层，天井上檐有斜撑4个。

崔思源宅

位于黄山区甘棠镇甘棠社区（甘棠老街南面），建于清代。占地面积183.91平方米。二进三开间，分前后二天井，天井结构平铺，木架结构穿斗式。水门汀地面，白灰墙，后进左厢房被拆。前进天井处有斜撑10个，后天井斜撑残存2个。前脸大门门罩有拜寿图，为黑色素描图案。

崔永祥宅

位于黄山区甘棠镇甘棠社区东边组，建于清代。二进五开间，硬山式，高约7米，占地面积281.43平方米。木架结构穿斗式。有天柱，水门汀地面，前后二天井，青泥花砖墙，天棚望砖，有卷棚。前天井上檐人物、走兽斜撑5个，后天井斜撑2个，月梁1对，为瓜果图案。

崔之煜等宅

位于黄山区甘棠镇甘棠老街（甘棠供销社东、月湾河南），建于清代。一进三开间，占地面积129.56平方米，高约5米。木架结构穿斗式。水门汀地面，地沟式天井，青泥花砖墙，中柱直接到顶，天井上檐残存斜撑2个。

崔自强宅

位于黄山区甘棠镇凤凰村向阳组，建于清代。二进三开间，占地面积117.19平方米，木架结构穿斗式。水门汀地面，白灰墙面，中有天井，天井上多个斜撑保存完好。

存爱堂

位于歙县郑村镇棠樾村，始建于明成化前，清初重建。宅南向，清水砖门罩，四进三开间楼房，现存三进。通面阔10.2米，通进深28.56米。宅后原附有家庙，厅堂原用楠木建造，用材硕大，左次间有门与院落、厨房、仓库等用房相通。中进堂屋规模宏大，前后倒厅，前厅三间开敞，腰檐下有人字轩。三进为住宅，窗扇、窗栏、花格、栏杆皆制作精细，装修华美。2013年被列为全国重点文物保护单位。

存耕堂

位于歙县深渡镇绵潭村，建于清代。坐东北朝西南，二进三开间楼房。通面阔10.1米，通进深16.1米，占地面积162.6平方米。正厅门楼有大量的砖雕。内置木雕较少。

存厚堂

位于歙县北岸镇瞻淇村447号，建于清代。坐北朝南，三进三开间。由主屋和附属屋组成，占地面积348.27平方米。前有小院，院门有木栅门。正屋有『存厚堂』匾额。门楼有砖雕，内窗门木雕及斜撑木雕精美。2006年被列为歙县重点文物保护单位。

存省轩

位于歙县北岸镇瞻淇村，始建于明代。坐东朝西，二进三开间楼房。通面阔7.5米，通进深16.4米，占地面积123平方米。大门有简易门楼，门楼有简易砖雕。宅内有众多雕刻，大厅内悬挂『存省轩』匾额。2006年被列为歙县重点文物保护单位。

存雅堂

位于歙县深渡镇绵潭村古戏台边，建于清代。坐北朝南。二进三开间一天井上下对堂二楼二过厢。占地面积111.6平方米。内置花格木雕，大门楼门顶有『飞鹤与天女』砖雕。

存养山房

位于歙县郑村镇棠樾村，建于清嘉庆年间。清两淮盐运总商鲍志道之弟鲍启运故宅。坐北朝南，三开间。通面阔13.6米，通进深17.61米。前有宽绰石板庭院，东边有过厢，可与书斋相通，西南角辟一偏门，隔巷与西邻正房相通。正房底层通间为厅，前檐有卷棚轩，梁枋为方形断面。『存养山房』匾额为清书法家王文治所题。2013年被列为全国重点文物保护单位。

存养堂

位于歙县杞梓里镇坡山村，建于清代。坐东南朝西北，二进三开间砖木结构二层建筑。通面阔11.32米，通进深9.05米，占地面积102.45平方米。青石门框，饰以砖雕门楼。

打箍井街4号宅

位于歙县徽州古城景区内，建于清末。坐西朝东，面阔12.2米，进深16.46米，占地面积约200.8平方米。有砖雕垂花门罩，内部木结构较简单，后期有改造。2006年被列为歙县重点文物保护单位。

大夫第

位于歙县北岸镇北岸村，建于明末。坐北朝南，三进三开间。通面阔9.2米，通进深19.82米，占地面积182.34平方米。门楼有部分砖雕，正中有『大夫第』三字，内有诸多木雕。

大夫第

位于黄山区新丰乡盛洪村三保自然村。门向东南。占地面积176.28平方米，高约6.7米。二进三开间，西侧倚屋。木架结构穿斗式，斜方格纹水门汀地面，平铺地沟式天井，直通五间，板壁墙，二层走马楼式，圆柱方梁，天棚望板砖。天井上檐有斜撑6个。

大夫第

位于黄山区新丰乡盛洪村盛村自然村，始建于清末，民国二十三年（1934）重建。三进七开间四合院式，西侧高墙，三进主体。占地面积1285平方米，高约8米，由南至北，分前进、前院、前院隔墙、中院、后进走道、天井、寝屋。左厢前进处有角屋，木架结构穿斗式，八字门，青泥花砖墙，平铺式天井，板壁墙，天棚望板。

大夫第

位于婺源县江湾镇汪口村李家巷内。屋主俞镇禄，清嘉庆至道光年间人，候选布政司理问，诰授奉直大夫。占地面积约200平方米，圈围内设有陶瓷花槛装饰，正屋的石库门枋两侧的砖柱底座石磉上，有麒麟、雀、鹿图案石雕；屋内雕梁刻栋，石板铺地；天井四边的『走马楼』宽敞恢宏。整栋建筑体现了清代中叶徽派官邸精美繁复的建筑特色。2005年被列为婺源县重点文物保护单位。

大夫第

位于婺源县江湾镇上晓起村，又名『宝辉堂』，清末光禄大夫江人铎的府第，建于清光绪年间。三进院落，各院落入口都有砖雕门头，其中数客厅的门头最为精致。第一进院落是一座二层的倒座建筑，客厅上方有一根雕刻精美的月梁。第三进建筑为三层楼。整幢建筑呈台阶状层层高起。此屋建造者与江人镜是同胞兄弟，房屋形制略同于进士第，但规模较小。占地面积486平方米，保存较完整。2005年被列为上饶市重点文物保护单位。

大夫第

位于婺源县段莘乡庆源村，建于清光绪年间。占地面积约700平方米。保存较完好。原主人詹玉如在乐平开集成布店，赚了大把银子后，花钱买下『大夫』官衔。二进三开间二厢二天井，另有偏屋。砖雕、木雕、石雕均做工细腻，图案精美。2005年被列为婺源县重点文物保护单位。

大夫第

位于婺源县秋口镇李坑村，建于清咸丰年间。占地面积300平方米。奉直大夫李文进府第，大门为青石门枋，水磨青砖门面，屋内三雕精美，令人称绝。采用官厅格式建造，开间宽，内部空间明亮，楼上为『走马楼』。2002年被列为婺源县重点文物保护单位。

大夫第

位于婺源县浙源乡庐坑村庙上自然村，建于清代早期。占地面积约340平方米，其中院子约30平方米。二进三开间二层建筑。天井宽敞明亮，青石板地面完好，三雕完好，风格古朴华贵。2005年被列为婺源县重点文物保护单位。

大夫第

位于婺源县浙源乡岭脚村，是岭脚村唯一尚存的官邸，建于清代中后期。清末太平天国期间，岭脚村詹斯沂久读兵书，曾参加镇压太平军的战斗，总结战争方法策略向曾国藩上书，受到曾国藩赏识，获得五品官的赏赐和大夫衔，奉命带兵守宣州。镇压太平军之后，皇帝赐建这座『大夫第』。现在大堂已倒塌，门楼完整。2005年被列为婺源县重点文物保护单位。

大夫第

位于婺源县沱川乡理坑村，建于清代后期。主人余启官为清道光年间的光禄大夫。砖雕门楼高大轩昂。设有别具一格的『一步金阶』，正厅气势恢宏，梁枋木雕精致，典雅大方。坐西朝东，一进三开间二层砖木结构。进深9.95米，面阔13.05米，占地面积129.84平方米。浅天井，现存一厅堂，梁枋、雀替、梁柁均有雕饰，后柱础有四边形、八边形等形状。整个建筑结构具有明显的清代徽派建筑风格，具有一定的保护价值。2005年被列为婺源县重点文物保护单位。

大夫第

位于黟县西递镇西递村正街，建于清康熙年间。坐南朝北。占地面积199平方米，总建筑面积381平方米，通面阔9.5米，通进深12.4米，二楼四合院结构。房屋上厅、下厅相对，中间是宽大的天井，裙板、隔扇均精雕冰梅图案，取十年寒窗之意，厅左侧利用隙地建有一临街小楼，俗称『小姐绣楼』。2001年被列为全国重点文物保护单位。

大夫第

位于黄山区新丰乡新丰村河滩自然村，建于清代。门向西南，北侧角屋，门楣上书『大夫第』。占地面积185平方米，高约6.3米。二进三开间。木架结构穿斗式。斜方格纹水门汀地面，地沟式天井，板壁墙，天棚望板，卷棚月梁，天井上檐残存斜撑2个。

戴爱民等宅

位于黄山区汤口镇岗村9组，建于清代晚清。占地面积126.85平方米。二进三开间，跑马楼式，高约6.5米。木架结构穿斗式。双耳门，方格纹水门汀地面(后进斜方格纹)，平铺式天井，板壁墙，封檐望板。天井上檐有斜撑2个，格子窗大部分保存完整。西厢有厨房3间。

戴海兵宅

位于绩溪县长安镇大谷行政村里下屋22号，建于清代后期。坐北朝南，占地面积104平方米。一进三开间二层楼房。正厅前向不设楼，为人字轩顶，后部分设楼，东、西厢房，三合土地坪，外围封火墙，室内的斜撑、雀替、窗栏板、窗门雕刻精美。整栋建筑保存完整。

戴和顺宅

位于黟县碧阳镇石亭村，建于清末。坐北朝南，开间10.2米，进深13.95米，占地面积142.3平方米。二进三开间一天井二层建筑。花岗岩地坪石完整，木构架基本保存完整。

戴黑芝宅

位于歙县许村镇跳石村杨峰岭组，建于清末。坐北朝南，大门朝西开，一进三开间楼房。通面阔9.1米，通进深6.1米，占地面积55.5平方米。无天井，无砖木雕刻。

戴建平宅

位于徽州区西溪南镇西溪南村立新组，建于清代。坐北朝南，建筑面积113.62平方米。一进三开间二层楼房。进门为上堂的廊下，前为天井，青石板铺砌。上堂三间，两次间向厅开门。楼上三间，明间厅，次间房，明间向天井全装隔扇门。

戴江水宅

位于黄山区三口镇联中村跃进组，建于清代晚期。组合式民宅，一进五开间，主室残存后进。木架结构穿斗式。水门汀地面，地沟式天井，板壁墙，天棚望砖。

戴克强宅

位于休宁县商山镇瑶溪行政村099号，建于清代。占地面积108.16平方米。坐东北朝西南，一进三开间。门罩饰土龙、八宝、花卉及变形『寿』字，屏风门饰梅花、荷花、菊花、桃花图案，斜撑雕龙首，地面铺白麻石，柱础方形，大梁亦方形。

戴庆权宅

位于黟县西递镇西递村，建于清代。坐北朝南。建筑面积69.2平方米，通面阔9.05米，通进深7.65米。二楼四合院式建筑。

戴震藏书楼

位于屯溪区黎阳镇西郊隆阜二村横江边正街18号，建于清代。占地面积100平方米。民国十三年(1924)创办『戴氏私立东原图书馆』；1986年设立戴震纪念馆。藏书楼龙卷山墙，櫸头雀尾，朱漆棂门。大门嵌有张凯帆书写的『戴震纪念馆』横额。2003年4月纪念馆搬迁，此楼作为『戴氏私立东原图书馆』旧址保护。1998年被列为黄山市重点文物保护单位。

戴震纪念馆

位于屯溪区屯溪老街立新巷1号，建于清代。占地面积420平方米。砖木结构，由主屋和边屋两部分组成。主屋为二进三开间二层楼房，木构件雕刻精美；边屋为一进小三间。2003年4月，此馆由隆阜中街原戴震纪念馆及藏书楼搬迁至此。2012年被列为黄山市重点文物保护单位。

德懋堂

位于歙县北岸镇瞻淇村244号，建于清代。坐北朝南，三进三开间。通面阔8米，通进深21.35米，占地面积172平方米。门楼有精美砖雕，内有诸多木雕，尤其窗雕精美，正堂上有『德懋堂』匾额。

德寿堂

位于歙县深渡镇定潭村，建于明末。坐北朝南，一进三开间二过厢一天井。通面阔9米，通进深7.3米，占地面积65.7平方米。过厢两侧有直线木条花格，内木板装潢部分有白色粉面。整屋设左边进门，前面屏风墙，左开小门与左边花园相通。

德义堂

位于黟县宏村镇宏村，建于清光绪年间。坐南朝北，占地面积402平方米。空间布局和庭院绿化很有特色，建筑构架、装饰比较简单。厅堂前有16扇花隔扇门，室内外通透，堂前方塘有暗道与水圳相通，院东西两个花园一明一隐。二楼为三间式建筑。

邓石泉等宅

位于黄山区新丰乡新丰古村南部丰溪大桥西北约30米处，建于清代。门向北，占地面积149平方米，高约7.5米，一进五开间，东侧倚屋3间，木架结构穿斗式。斜方格纹水门汀地面，平铺式天井，天棚望砖，二层阁楼。

棣芳堂

位于婺源县浙源乡虹关村，建于清代。该处古民居的格子扇窗和护净的雕刻，全堂清一色为万福图案，显示出明代建筑文化的朴素大方。梁坊门窗木雕尤为精湛，廊厢八扇格子门窗，分别嵌进『八仙过海』图案，栩栩如生，刀法娴熟，两片护净雕刻戏剧人物，如刘备招亲、吕布戏貂蝉，采用镂空雕刻技术，内外达七层，可称木雕艺术之精品。还有堂厅堂壁上挂的木雕楹联和八幅木雕名人字画，以及詹大有祖居小姐闺阁的洞门，双面木雕花鸟图案，艺术之精湛，令人叹为观止。

丁宝珍宅

位于黟县宏村镇屏山村，建于清末。坐西朝东，开间12.41米，进深7.77米，占地面积96.4平方米。三开间带二厢（有天井、门楼）二层建筑。右厢通厨房，左厢通外巷道。

丁翠云、查昌营宅

位于黟县宏村镇大同村黄村口组，建于清代。坐北朝南，开间9.35米，进深20.06米，占地面积187.5平方米。三进三开间带二厢二天井三层建筑。后左厢上楼。后左厢耳门通偏屋，后右厢耳门通厨房，后檐墙门亦通厨房。

丁惠平、潘建国宅

位于黟县宏村镇际村，建于清代。坐西朝东，开间10.98米，进深13.8米，占地面积151.5平方米。三开间上下厅带二厢中天井二层建筑。大门朝前，左厢侧耳门通外路，照壁后上楼。木构配件及隔扇制作精致。

丁可华宅

位于黄山区仙源镇龙山村西门组，建于清代。占地面积124平方米。二进三开间，框架为穿斗式。水门汀地面，平铺式天井，木框架、构件均保存完好。斜撑8个，花格门窗2副，梁袱4个，一步梁1对。

丁美香宅

位于黟县宏村镇塔川村里田组，建于清代。坐西北朝东南，开间8.9米，进深8.4米，占地面积74.8平方米。二进三开间二层建筑。现存为后进，右厢耳门为入口大门，照壁后上楼。木构架配件、隔扇等制作较好。

丁士晶宅

位于黟县碧阳镇古黄村黄村组，建于清代。坐东朝西，开间9.6米，进深7.6米，占地面积73平方米。三开间带二厢有天井二层建筑。大门砖雕门楼保护较好。

丁仕贵宅

位于黟县碧阳镇星火村陈闾组，建于清代。坐北朝南，开间8.25米，进深6.25米，占地面积51.6平方米。三开间二层建筑，有天井。砖木结构，木构架承重，木构架、装修完整，构配件、隔扇门窗等制作精致，完整，天花板彩绘明艳清晰。

丁宪根宅

位于休宁县海阳镇齐宁社区桂花树巷33号，建于清代。为大宅隔断而成。占地面积125.6平方米。坐东南朝西北，一进三开间。雀替雕花卉，斜撑饰八宝及瑞兽图案，二楼栏板外斜撑呈如意状。

丁小宝宅

位于黄山区甘棠镇甘棠社区，建于清代。占地面积224.8平方米。二进五开间，前后进中有一天井，穿斗式木架。水门汀地面，白灰墙，望砖天棚，有卷棚，天井处有斜撑7个，饰有和合二仙等，月梁1对。大梁袱6个，雕刻多饰描金。

丁学峰等宅

位于黄山区三口镇湘潭村丁村组，建于清代。占地面积71平方米。共5间偏房，南为一进三开间，高约5.5米。木架结构穿斗式。斜方格纹水门汀地面，板壁墙，天棚望砖。

东街57号宅

位于黟县碧阳镇东街，建于清代。坐东南朝西北，占地面积152.25平方米，建筑面积315.71平方米。三层建筑。平面呈『H』形。由主屋、附屋组成。附屋在主屋西面后部，与主屋朝向呈90度，由西面巷道置石门框为入户大门，施砖雕门罩装饰。2016年被列为黟县重点文物保护单位。

东里巷2号宅

位于屯溪区柏树街东里巷，建于清代后期。前后两进连体建筑，占地面积约228平方米。坐南朝北，砖木结构，三开间三层楼房，穿斗式构架，硬山式屋顶。主体建筑明间作厅，次间作厢房，上下堂布局。斜撑等木构件雕花装饰。

东里巷15号宅

位于屯溪区柏树街东里巷，建于清代。占地面积约57平方米。坐西朝东，砖木结构，一进三开间二层楼房。穿斗式构架，硬山式屋顶。前为天井，明间作厅，两次间作厢房。

东园

位于黟县西递镇西递村横街路街，建于清雍正年间。坐东朝西，占地面积225.7平方米，建筑面积418平方米。一组多单元古建筑，由正厅、书厅、下厅组成，书厅是徽商鼎盛时期典型的书房，二楼三间，中设正厅，两边厢房，左边厢房上门呈六边形，雕刻『五福捧寿』图案，右边厢房上门则呈圆形，为『冰梅图』，寓意十年寒窗。2001年被列为全国重点文物保护单位。

董南南宅

位于徽州区西溪南镇西溪南村丰联组，建于清代。坐北朝南，建筑面积133.25平方米。三开间上下对堂二层楼房。上堂为三间显厅，后进三间呈『丁』字形。楼上三间分割，前檐有腰檐，坎上每间四开隔扇门，屋面有方望砖，腰檐铺望砖。

董祥梅等宅

位于黄山区甘棠镇甘棠村东站组，建于清代。占地面积约431.6平方米。四进五开间，木架结构穿斗式。水门汀地面，青泥花砖墙。屋顶有卷棚望砖，柱多为柏木，梁多为松木，中井卷棚处有月梁双狮绣球2个，斜撑8个，其他木质雕刻若干。

董灶富宅

位于黟县宏村镇龙江村，建于清末。坐东北朝西南，开间8.85米，进深5.8米，占地面积51.3平方米。三开间二层建筑。照壁后上楼。三合土地坪，木构架、装修保存较完整。

董子庆宅

位于黄山区仙源镇龙山村羊河组（居民社区），建于晚清。占地面积156平方米。一进五开间，穿斗式。前有院落，水门汀地面，平铺式天井，两边次厢房前各有一小方形天井。斜撑6个，月梁1对。

斗山街23号宅

位于歙县徽城镇，建于清末。坐北朝南，二进三开间一层建筑。通面阔11.5米，通进深11.86米，占地面积156平方米。小天井，普通门窗，有门套。

斗山街25-8号宅

位于歙县徽城镇，建于清代。坐南朝北，二进三开间。通面阔8.8米，通进深17.7米，占地面积157平方米。砖木结构，有楼，天井两边有回廊，西面楼梯上楼，格子门窗。天井下铺有石子，后进较为狭小，两边有厢房，后有小院，院内有一口井。

斗山街30号宅

位于歙县徽城镇，建于明末。坐北朝南，三进三开间。通面阔10.23米，通进深24米，占地面积240平方米。前天井较为宽阔，东面为一口八边形水井，井圈、内壁为青石砌成。后进天井较为狭小，由西面楼梯上楼。房屋后有改建，在前进开有一天窗。地面由青砖改为木板。2006年被列为歙县重点文物保护单位。

斗山街37号宅

位于歙县徽城镇，建于清末。分南、北宅。北宅坐东朝西，三进三开间楼房。通面阔8.05米，通进深24.9米，占地面积200.45平方米。前有庭院，大门为砖雕门罩，花砖精致。2006年被列为歙县重点文物保护单位。

斗山街房管会40-1号宅

位于歙县徽城镇，建于清代。坐北朝南，三进三开间。砖木结构，通面阔13.86米，通进深20.2米，占地面积280平方米。有楼，门楼砖雕为花草图案，前进天井开阔，后进天井狭小，后进东边楼梯上楼。

笃祜堂

位于歙县三阳镇慈坑村，建于清末。坐东北朝西南，二进三开间二层楼房。通面阔8.7米，通进深11.7米，占地面积101.79平方米。有木雕窗格。

笃经堂

位于婺源县思口镇延村，建于清康熙年间。占地面积660平方米，系木商金大斯为三个儿子所建，三幢房子并排而建，按长序，小房在外，二房居中，大房最内。房屋亦由外而内，层层拔高，三幢房屋由一条过道贯通，过道进口建有亭屋，可纳凉休息。2005年被列为上饶市重点文物保护单位。

笃敬堂

位于黟县西递镇西递村，建于清同治年间。坐北朝南，通面阔11米，通进深8.2米，占地面积173平方米，建筑面积309平方米。三开间二楼结构。正屋前有小庭院，院右筑有小书房，十分别致，院左为大门，粗犷的『黟县青』大理石门枋被大门上巍峨壮观的两柱三楼的砖砌门楼衬托，大门内建有门亭，正门面对小亭院，内外有高大门罩。2001年被列为全国重点文物保护单位。

杜臣武宅

位于歙县郑村镇祥里村，建于清代。坐北朝南，二进三开间砖木结构二层建筑。通面阔10米，通进深13.4米，占地面积134平方米。大门门罩有砖雕，保存完整。厅堂木质，东西有厢房，门窗已损坏。后进已倒。

杜德平等宅

位于黄山区永丰乡永丰村卓村自然村中南部，建于清代。门向西南，临街，二进五开间。中天井，西侧耳井。占地面积276.32平方米，高约7.1米。木架结构穿斗式，斜方格纹水门汀地面，地沟式天井。板壁墙，圆柱方梁。天棚望砖，卷棚月梁。斜撑有凤凰图饰。

杜桂荣、杜苏提宅

位于黄山区永丰乡永丰村卓村自然村，建于清代。二进三开间，占地面积271.8平方米。木架结构穿斗式。斜方格纹水门汀地面，表面抹石灰，地沟式天井，板壁墙，圆柱方梁，天棚望板，卷棚月梁，天井两侧格子门扇，天井上檐有斜撑8个，略有损坏。

杜欢喜宅

位于徽州区呈坎镇呈坎村后街，建于明代。坐西朝东，建筑面积294.12平方米。紧邻后街，朝巷开大门。门上烧雕门罩，门内设廊，形成天井四边落水。前进与中进有庑廊相接，形成『口』字形四合院。后进三合式院落，二层楼面铺方砖，三层搁栅甚密，檐口皆两跳插拱承檐枋，三进朝北巷皆开有边门。2001年作为呈坎村古建筑群的组成部分被列为全国重点文物保护单位。

杜吉旺宅

位于黄山区永丰乡永丰村东松岭组，建于清代。占地面积112.32平方米。一进三开间，有二层阁楼。板壁墙，三合土地坪，照壁正中，前门框为麻石所制，地面距屋顶3.2米。

杜金达宅

位于黄山区永丰乡永丰村卓村自然村北部，建于清代。门向西南，一进三开间。占地面积137平方米，高约7.9米。木架结构穿斗式。平铺式天井，水门汀地面，板壁墙，天棚望砖。

杜可兵宅

位于黄山区永丰乡永丰村卓村自然村中南部，建于清代。门向东南，东北、东南临街，一进三开间。前天井，占地面积128.1平方米。高约6.7米。木架结构穿斗式。斜方格纹水门汀地面，地沟式天井，板壁墙，圆柱方梁。天棚望砖，卷棚月梁，有双狮戏球1对，斜撑8个。

杜可敬、杜建龙宅

位于黄山区永丰乡永丰村中心组，建于清代。门向东南，临街，东南距洙溪河约 15 米。一进三开间。占地面积 98.01 平方米，高约 6.1 米。木架结构穿斗式。斜方格纹水门汀地面，无天井。板壁墙，圆柱方梁，直望板，隔扇，窗格子门扇式门窗。

杜来根宅

位于黄山区永丰乡文祥村章中组，建于清代。占地面积 113.76 平方米。一进三开间格局。平铺式天井，板壁墙，望砖卷棚，斜方格纹水门汀地面，地面距屋顶 6.3 米。

杜荣清宅

位于黄山区永丰乡永丰村上升组外沿，建于清代。占地面积123.9平方米。二进三开间。平铺式天井，板壁墙，望砖卷棚，斜方格纹水门汀地面，地面距屋顶5.4米。

杜荣忠宅

位于黄山区仙源镇龙山村中市组，建于清末。一进五开间，正屋边有间店面房。木架结构穿斗式。平铺式天井，板壁墙，望砖有斜撑，木雕构件共10个，雕狮子绣球、人物等图案。占地面积203.81平方米。

杜若愚宅

位于黄山区永丰乡永丰村卓村自然村，建于清末。占地面积106.8平方米。一进三开间二层阁楼。平面呈不规则长方形，木架结构穿斗式。斜方格纹水门汀地面，板壁墙，天棚望板。

杜伟刚宅

位于黄山区永丰乡永丰村东松岭组，建于清代。占地面积112.8平方米。一进三开间二层阁楼。平铺式天井，板壁墙，望砖卷棚，斜方格纹水门汀地面，正房右侧有一倚屋，地面距屋顶5.7米。

杜永平宅

位于黄山区永丰乡永丰村上升组，建于清代。占地面积119.19平方米。平铺二进三开间。平地沟式天井，板壁墙，望砖卷棚，斜方格纹水门汀地面，地面距屋顶5.2米。

惇仁堂

位于黟县西递镇西递村大夫第后弄，建于清康熙年间。坐西朝东。占地面积222.8平方米，建筑面积442平方米，通面阔15米，通进深10.8米。五开间二层建筑，中间厅堂十分宽敞、明亮，后半部平顶天花，前半部拱形轩廊为顶，并高于后部，使得天井光线直接照射太师壁。两侧为卧房，两卧房相通，为联珠房，并在梢间建两处小天井采光，风格独特，为徽商胡贯三故居。2001年被列为全国重点文物保护单位。

惇义堂

位于歙县霞坑镇金山村第五组，建于清末。坐北朝南。二进三开间。通面阔9.9米，通进深15.3米，占地面积150平方米。大门有门罩，正堂有月梁，狮雕完整，两边厢房各两间，前进两边厢房，中间天井，台阶石料完整。

敦本堂

位于歙县昌溪村周邦头（周氏宗祠左侧），建于清道光年间。一进三开间。通面阔12.45米，通进深9.35米，占地面积86.41平方米。

敦本堂

位于休宁县海阳镇状元文化公园内，建于清代。占地面积207.27平方米。坐北朝南，四合式。门罩砖雕花卉、狮子戏绣球图案，地铺青石板，柱础圆鼓状。2008年被列为休宁县重点文物保护单位。

敦本堂

位于婺源县段莘乡庆源村中段『早禾田』地带，现屋主为詹延寿，建于明宣德年间，为现今庆源村仅存的一栋明代建筑。真四合，对朝堂。占地面积约250平方米。保存较完好。水檐天井下的坍池用碎石垒成『人』字形。楼上建有『走马楼』。屋内雕刻简朴，结构朴拙，充分体现明代建筑的简约特色。2005年被列为婺源县重点文物保护单位。

敦德堂

位于黟县西递镇西递村，建于清代。坐北朝南，通面阔13.6米，通进深13米，建筑面积176.8平方米。三开间二层建筑。

敦德堂（花厅）

位于歙县上丰乡蕃村鲍氏住宅群内，建于清代。坐西朝东，二进三开间。通面阔12.7米，通进深8米，占地面积104平方米。有楼有廊，雕花屏门装隔，楼上有地砖和望砖等隔热设施和防火设施。1988年被列为歙县重点文物保护单位。

敦德堂（礼房）

位于歙县上丰乡蕃村鲍氏住宅群内，建于清代。坐西朝东，一进三开间。小四合屋。通面阔9.6米，通进深8.3米，占地面积79平方米。门前有小院，上下堂有楼有厢房，天井两侧屏门雕花装隔，木雕精美。1988年被列为歙县重点文物保护单位。

敦德堂（仁房）

位于歙县上丰乡蕃村鲍氏住宅群内，建于清代。坐西朝东，二进三开间。通面阔10米，通进深12.9米，占地面积129平方米。砖雕门楼，上下堂有楼，有厢房，天井两侧有廊，室内木雕精美。1988年被列为歙县重点文物保护单位。

敦德堂（社厅）

位于歙县上丰乡蕃村鲍氏住宅群内，建于清代。坐西朝东，二进三开间，有楼。通面阔8.6米，通进深11.3米，占地面积97平方米。前有小院，砖雕门楼，上下堂均为统间，天井两侧有廊。1988年被列为歙县重点文物保护单位。

敦德堂（信房）

位于歙县上丰乡蕃村鲍氏住宅群内，建于清代。一进三开间楼房。通面阔9.6米，通进深8.2米，占地面积79平方米。天井两侧有廊，梁头及窗门窗帷雕花木刻，图案精美。1988年被列为歙县重点文物保护单位。

敦德堂（耀房）

位于歙县上丰乡蕃村鲍氏住宅群内，建于清代。坐西朝东，二进三开间二层建筑。通面阔9.65米，通进深8.3米，占地面积80平方米。天井两侧有廊，有厢房，梁头及窗门有雕花装饰。1988年被列为歙县重点文物保护单位。

敦德堂（义房）

位于歙县上丰乡蕃村鲍氏住宅群内，建于清代。坐西朝东。通面阔10米，通进深12.9米，占地面积129平方米。砖雕门楼，四合屋，上下堂有楼有厢房，天井两侧有廊，室内木雕精美。1988年被列为歙县重点文物保护单位。

敦厚堂

位于黟县宏村镇宏村，建于清代。坐北朝南。占地面积174平方米，建筑面积326平方米，主体部分通面阔9.6米，通进深17.4米。保存有木对联两副，其中一副为『两条正路曰读曰耕，二字箴言惟勤惟俭』。2001年被列为全国重点文物保护单位。

敦厚堂

位于歙县霞坑镇洪琴村，建于清代。坐西南朝东北，二进三开间二层建筑。通面阔8.6米，通进深13.8米，占地面积119平方米。前后有小院，上堂无厢房，下堂两边有两小厢房。门楼有简易砖雕，内部斜撑、雀替等构件有雕刻。

敦礼堂

位于歙县坑口乡薛源村柔川自然村，建于清代。坐东北朝西南，二幢相连，砖木结构，四合式，上下对堂。占地面积370.3平方米。主宅有后进，两天井，后进为靠壁天井。前后堂两厢屏门隔扇，穿斗式，有柱撑。砖木雕刻精美。厢房无雕饰。2006年被列为歙县重点文物保护单位。

敦伦堂

位于婺源县思口镇漳村，距县城16千米，王氏宗祠，建于清乾隆二十五年(1760)。由大门门屋、享堂、寝堂(已坍毁)组成，占地面积1100平方米。

敦睦堂

位于歙县北岸镇瞻淇村，建于清代。坐北朝南，二进五开间。通面阔17.05米，通进深24.13米，占地面积411平方米。内部木雕精美。存有『祖训十条』和『瞻淇』字样石雕。木柱为白果木质。

敦睦庭

位于黟县碧阳镇关麓村，为关麓八大家老六，建于清同治年间。坐西南朝东北。开间10.35米，进深17.8米，占地面积184.2平方米。三开间前后进厅堂式二层建筑。正面为入口大门，门上题『大夫第』匾额，右侧还建有偏厅与溪流书屋。砖木结构，木构完整，内构配件、隔扇等制作精致，门楼雕刻保存完整。

敦仁堂

位于婺源县大鄣山乡黄村，建于明末。占地面积235平方米，为号称『百万』的木商所建。现为黄永法宅。房屋正面宽近15米，大门为高大石库门，配三开间砖雕装饰，在传统民居中难得一见，十分气派。屋内中天井，深坑，面积20多平方米。2005年被列为婺源县重点文物保护单位。

敦仁堂

位于黟县宏村镇宏村，建于清咸丰年间。坐北朝南。占地面积137平方米，建筑面积264平方米，通面阔10.7米，通进深9.5米。莲花门、天花彩绘保存完好。二层四合院式建筑。

敦素堂

位于婺源县清华镇洪村，在『奉直大夫霭庭公祠』左侧，有偏门直通霭庭公祠，洪钧家宅，建于清嘉庆末年。占地面积约750平方米，五进三开间二厢三天井。屋面为石库门枋，水磨砖墙，且门楼砖雕十分精美。屋内存有『四世大夫』匾额，题写人是『赐进士出身，诰授资政大夫、工部左侍郎，前任安徽省全省学政加五级、纪录五次』的沈维鐈。正堂内部梁枋雕刻豪华、精美，后被毁。2005年被列为婺源县重点文物保护单位。

敦叙堂

位于歙县昌溪乡昌溪村红心自然村九子巷，建于清代。坐西南朝东北，一进二开间。通面阔8.5米，通进深10.8米，占地面积88平方米。有狭窄小院，木雕精美，门楼砖雕精细。

敦义堂

位于黟县宏村镇宏村，建于清代中期。占地面积224平方米。坐北朝南。四合布局，下厅为二楼，上厅为三楼，木构架保存完整。

范柏树宅

位于徽州区呈坎镇容溪村小容一组，建于清代。坐西朝东，建筑面积141.2平方米。一进三开间二阁厢二层楼房。上堂三间，明间厅，次间房。楼上三间，明间厅，次间房，楼板无砖，上有望砖，坎上装格子门。

范风清、杜关林宅

位于黄山区永丰乡永丰村卓村自然村西侧，建于清代。门向南，一进五开间。占地面积185.6平方米，高约6.3米。左厢有倚屋，木架结构穿斗式。斜方格纹水门汀地面，地沟式天井，板壁墙，天棚望板。

范高中宅

位于黟县碧阳镇柏山村江柏山组，建于清代。坐东北朝西南，开间9.4米，进深7.9米，占地面积74.3平方米。三开间带二厢有天井二层建筑，砖木结构。隔扇门窗、横风窗、楼行栏杆、飞罩及门楼制作较好。

范国荣宅

位于黟县碧阳镇柏山村江柏山组，建于清代。坐西朝东，开间10.35米，进深17.4米，占地面积180.1平方米。二进三开间带二厢二层建筑。隔扇门窗、横风窗、门楼制作较好。

范红剑宅

位于黟县碧阳镇柏山村江柏山组，建于清代。坐北朝南，开间10.3米，进深9.5米，占地面积97.9平方米。三开间带二厢有天井二层建筑，砖木结构。三合土地坪，木构架、木构配件、门窗、飞罩及砖门楼制作较好。

范林发宅

位于黟县宏村镇塔川村西山组，建于清代。坐东北朝西南，开间10.1米，进深12.65米，占地面积127.8平方米。三开间上厅下堂二层建筑。中天井，正面大门，内设屏风，上厅前廊设卷棚轩，照壁后上楼。房屋整体较完整，砖、木、石构配件制作精致，门楼保存较完整。

范培荫、曾翠英宅

位于黟县碧阳镇北街社区，建于清代。坐北朝南，开间9.8米，进深16.05米，占地面积157.3平方米。二单体前后厅三开间二厢二层建筑，有天井。砖木结构，木构架承重，木构架、装修等保存较完整，构配件、隔扇等制作较好，保存较完整。2017年被列为黄山市重点文物保护单位。

范卫平宅

位于黟县碧阳镇柏山村江柏山组，建于清代。坐东北朝西南，开间10.6米，进深7.55米，占地面积80平方米。三开间带二厢有天井二层建筑，砖木结构。隔扇门窗、横风窗、飞罩、门楼制作较好。

范秀云宅

位于黟县宏村镇大同村黄村口组，建于清代。坐北朝南，开间9.5米，进深11.88米，占地面积112.8平方米。三开间前后厅中天井二层建筑。照壁后上楼，左厢耳门通外道路，右厢耳门通厨房。

范雪云宅

位于徽州区潜口镇澄塘村古塘自然村，建于清代。坐西朝东，建筑面积251.3平方米。三开间上下对堂二层楼房，小四合院。进门为门厅，两次间为住房，向天井开窗，向厅开门，窗坎下清水墙，坎上双开窗扇，柱头有斜撑。

范灶坤等宅

位于歙县金川乡合丰村外东山自然村，建于清代。二进三开间一明堂。通面阔10.1米，通进深13.55米，高约8米。正大门左边有耳门，梁柱保存较好，砖木结构，砖、木雕并存，有天井、地漏等。

方爱娟宅

位于歙县北岸镇呈村降村呈西自然村，建于清代。坐西朝东，二进三开间楼房。通面阔9.85米，通进深8.9米，占地面积87.67平方米。大门有门楼，门楼有砖雕，内部有少量木雕。

方爱时宅

位于歙县雄村镇柘林倍村，建于清代。坐北朝南，二进三开间。通面阔9.5米，通进深11.55米，占地面积109.7平方米。两边都有厢房，有格子窗、格子门、石鼓、方形石柱础。

方柏森宅

位于歙县坑口乡瀹潭村瀹潭新屋下，建于清末。坐东北朝西南，二层三开间『品』字楼。通面阔9.88米，通进深7.73米，占地面积76.37平方米。砖木结构，左右厢房改建，有槛窗、窗衣、门楼，砖木雕刻精美。

方邦胜宅

位于歙县雄村镇浦口村三组29号，建于清末。坐东朝西，二进三开间。通面阔9.55米，通进深15.25米，占地面积145.6平方米。后进有天井一个，大门口有门楼，前进厅堂两侧有梁枋，后进有斜撑、雀替，雕有人物、花草，二楼有格子窗。

方宝聚宅

位于歙县金川乡中源村山郭三组，建于清代。坐北朝南，二进一明堂。通面阔8.69米，通进深12.36米，占地面积135平方米。上下堂都装厢房，木雕精美。除部分木雕损坏外，其余保存较好。

方本君宅

位于绩溪县瀛洲镇浒里村78号，建于清代后期。坐东朝西，占地面积96平方米。一进三开间二层楼房。抬梁穿斗并用式梁架，前檐设置一天井，撑拱承挑出檐。室内木雕构件撑拱、雀替、驼峰雕刻精美，三合土地坪，外围封火墙。

方标扬等宅

位于休宁县白际乡白际行政村村中央乡政府西南方，建于清代。占地面积121平方米。坐西朝东，共二进。一进为四合，天井处铺青石板，柱础圆鼓状，雀替雕花卉，斜撑雕人物、花卉，木隔扇窗饰花卉、寿桃、蝴蝶等；二进为三开间，雀替雕花卉，斜撑雕大朵花卉，柱础方形。

方炳根等宅

位于歙县三阳镇竹源村，建于清末。坐南朝北，二进五开间。通面阔12.5米，通进深14.3米，占地面积178.75平方米。有门楼。

方炳林宅

位于歙县富堨镇徐村方川组，建于明末。坐西朝东，二进三开间楼房。通面阔9.9米，通进深11.33米，占地面积112.2平方米。下堂有厢房，天井两侧有廊，南有厨房。

方炳文等宅

位于休宁县鹤城乡渔塘村碣田组村中央，建于清代。占地面积96.75平方米。坐北朝南，四合。门罩砖雕饰花草、绣球、松鹿鹤、『寿』字等；地面铺青石板，柱础呈方形及圆鼓状；雀替雕变形『寿』字，斜撑雕蝙蝠等；木隔扇窗饰竖条纹，裙板雕变形『寿』字及蝙蝠图案。

方财龙宅

位于歙县徽城镇鲍川村方家村组，建于明代。坐北朝南。通面阔8米，通进深10米，占地面积80平方米。大门有简易门楼。

方财政、方财龙宅

位于歙县徽城镇鲍川村方家村组，建于明末。坐西朝东，二进三开间。通面阔8.8米，通进深11米，占地面积96.8平方米。有天井、格子窗。

方诚炳等宅

位于歙县坑口乡瀹源村瀹坑上村，建于清代。坐东北朝西南，二进三开间二层建筑。占地面积172.7平方米。上下对堂，四合式，内装有冬瓜梁。无甚雕饰。

方诚深宅

位于歙县坑口乡瀹源村，建于清代。坐北朝南。通面阔14米，通进深18.65米，占地面积261平方米。二层楼房，二宅相连，主宅四合式，上下对堂，三开间，边房五开间，右边楼梯上楼。装有丁头拱、美人靠、瓜梁、雀替、驼峰，雕刻精美。主宅通厢房，楼梯下门钉方砖，较为罕见。

方诚树宅

位于歙县坑口乡瀹源村，建于清代。坐西朝东，一进三开间二层楼房。通面阔 9.38 米，通进深 7.65 米，占地面积 71.78 平方米。砖木结构，无砖木雕，朴实无华。

方承洪宅

位于徽州区呈坎镇灵山村六组，建于清代。建筑面积 75.9 平方米。一进三开间楼房，小三合院。堂屋大方砖直铺，两次间为住房。楼上三间和楼下一样分割。屋面无望，檐口有望板，楼上隔扇门较完整。

方承禄宅

位于徽州区呈坎镇灵山村，建于清代。坐西北朝东南，建筑面积251.5平方米。二进三开间上下对堂二层建筑。下堂比上堂规模大，下堂一脊翻两堂。堂屋明间大方砖正铺地，两次间辟为住房，柱头有雕刻人物的斜撑，窗隔扇华丽。楼上为走马楼，上堂设两间住房，下堂设四间住房。2012年作为灵山村古建筑群的组成部分被列为安徽省重点文物保护单位。

方承灶宅

位于徽州区呈坎镇灵山村第五组，建于清代。坐东北朝西南，建筑面积198.8平方米。二进三开间一脊翻二堂楼房，脊前为正厅，两次间为住房，脊后明间为厅，两次间为住房，只有后天井。后进装修较前进华丽。楼上也设有四房两厅。

方承柱宅

位于徽州区呈坎镇灵山村四组，建于清代。建筑面积261.3平方米。二进三开间楼房，上下两对堂，前堂为门厅，明间为通道，两次间为住房。一脊翻两堂，脊后明间为客厅，两次间为住房。矩形梁，柱头饰和合二仙、刘海戏金蟾、天官赐福雕花斜撑。楼上为走马楼，上下堂各设两房一厅，前檐有望板。

方城、方泽林宅

位于歙县北岸镇五渡村，建于清代。坐北朝南，一进三开间。通面阔9.85米，通进深9.15米，占地面积90.13平方米。宅内外有门楼，外门楼有部分砖雕，内有诸多木雕，较精美。

方崇庆宅

位于歙县杞梓里镇磻溪村，又名『后馀堂』，建于清代。坐西朝东，二进三开间楼房。通面阔10.3米，通进深12.05米，占地面积124平方米。大门开在东北侧，有砖雕门楼，雕刻简单。门屋堂壁后设楼梯。

方崇祖宅

位于歙县雄村镇浦口村丰村组，建于清代。坐北朝南，一进三开间二层建筑。通面阔8.8米，通进深8.4米，占地面积73.9平方米。门上有门楼，原有简易砖雕。厅堂内有格子花板、格子窗，雕有小人的雀替，有雕花斜撑、方形石柱础，有牌匾一副、天井一个。

方初能等宅

位于休宁县鹤城乡新安源村茶源山组村中央，建于清代。占地面积65.6平方米。坐西朝东，一进三开间。地面铺青石板，立柱及柱础均方形。雀替雕花卉，楼栏板雕『卍』字及如意等，木隔扇窗雕方格及花卉，木隔扇门雕花卉及方格。

方传岳宅

位于歙县雄村镇柘林村十一组，建于清代。坐北朝南，一进三开间二层建筑。通面阔10.7米，通进深5.4米，占地面积57.78平方米。二楼有格子窗，有简易斜撑和冬瓜梁，有望砖。

方春福宅

位于歙县坑口乡瀹坑村，又名『敦睦堂』『对门厅』，建于明隆庆年间。通面阔15.85米，通进深19.28米，占地面积305.6平方米。砖木结构，二进五开间三层建筑，属官宦大宅。有3个天井、5座楼梯。前进五开间二层，中为门屋，边上各两间为房；后进正屋三层，底层明间前后倒厅，两边为房，前后各四间。1981年被列为安徽省重点文物保护单位。

方春贵宅

位于歙县徽城镇南源口村王村茂自然村，建于清代。坐北朝南，二进三开间二层建筑。通面阔9.35米，通进深12.2米，占地面积114.1平方米。有天井，格子窗。

方春荣宅

位于歙县雄村镇朱村五组，建于清代。坐西朝东，一进单开间楼房。通面阔3.75米，通进深8.1米，占地面积26平方米。

方翠香等宅

位于歙县北岸镇显村，建于清代。坐北朝南，二进三开间。通面阔9.6米，通进深12.1米，占地面积116.16平方米。门楼有部分砖雕，内无木雕。

方达宪等宅

位于歙县徽城镇鲍川村方家自然村，建于清代。坐北朝南，一进三开间二层建筑。通面阔9.1米，通进深6.7米，占地面积61平方米。砖木结构，有简易砖雕门楼。

方大四宅

位于徽州区呈坎镇灵山村第四组，建于明末。坐东北朝西南，建筑面积80.9平方米。一进三间二层楼房。正屋三间，穿斗式梁架，明间饰二道月梁，有丁字拱，月梁上承两平盘斗承搁枋。楼下一层很高，两次间住房内又设两层小房，明看两层，暗里三层。

方大兴宅

位于歙县金川乡中源村三组，建于清代。坐西北朝东南。通面阔5.6米，通进深9.25米，占地面积51.8平方米。下堂厢房木雕精美。

方大秀等宅

位于歙县三阳镇高峰村沙坦组，建于清代。坐西南朝东北，三开间二层建筑。通面阔6.25米，通进深8.92米，占地面积55.94平方米。有屏风。

方德宝宅

位于歙县北岸镇呈村降村呈东组，建于清代。坐东朝西，二进三开间二层楼房。通面阔7.9米，通进深5.8米，占地面积45.82平方米。有门楼，无雕刻。

方德法、方德文宅

位于歙县北岸镇呈村降村呈东组，建于清代。坐西朝东，二进三开间二层楼房。通面阔8.75米，通进深8.9米，占地面积77.88平方米。门楼有砖雕，内有部分木雕。

方德伙宅

位于歙县北岸镇呈村降村呈东组，建于清代。坐西朝东，一进三开间二层楼房。通面阔9.4米，通进深7.25米，占地面积68.15平方米。有门楼，无砖雕，内部有精美木雕。

方德全等宅

位于歙县杞梓里镇坡山村，建于清光绪末年。坐东南朝西北，二进三开间二层楼房，砖木结构。通面阔8.85米，通进深13.27米，占地面积117.44平方米。

方德声宅

位于歙县杞梓里镇磻溪村，建于清代。坐东朝西，一进三开间楼房。通面阔10.2米，通进深7.6米。边厢上楼，雕梁画栋，楼上地砖铺地，望砖盖顶，两壁厢有木四开门，梁柁为人物木雕。

方德时宅

位于歙县昌溪乡昌溪村红旗上田组，建于清末。坐西朝东，一进三开间。通面阔6.6米，通进深8.5米，占地面积56平方米。现存部分，北、南开门，南面已改建新屋，北面门外为院，内部无雕刻，有一厢房位于正堂后，西南有门与厨房相通。

方德顺等宅

位于歙县北岸镇呈村降村呈东组，建于清代。由东西两栋房子组成，西宅坐东朝西，二进三开间，通面阔9.6米，通进深12.15米.；东宅坐西朝东，一进三开间，通面阔9.6米，通进深5.6米。门楼有精美砖雕，内部有精美木雕。

方德应等宅

位于歙县北岸镇五渡村，建于清代。坐东朝西，二进三开间。通面阔16.55米，通进深9.25米，占地面积153.09平方米。有门楼，无砖雕，内有石雕和诸多木雕，较精美。

方冬果等宅

位于歙县三阳镇竹源村，建于清代。坐东北朝西南，一进三开间楼房。通面阔4.3米，通进深9.8米，占地面积42.14平方米。有门楼，户型简单，无木雕。

方敦柏宅

位于歙县坑口乡瀹源村，建于清代。坐北朝南。二幢相连，二进三开间三层建筑，砖木结构。通面阔18.8米，通进深15.2米，占地面积252平方米。主宅四合式，三开间上下对堂。楼上下槛门窗及斜撑、门楼等处有精美雕刻。

方敦睦、方幸宅

位于歙县北岸镇显村，建于清代。坐北朝南，二进三开间。通面阔9.65米，通进深11.2米，占地面积104.72平方米。门楼有砖雕，较精美，内有部分木雕。

方敦畏等宅

位于歙县三阳镇高峰村荷花形组，建于清代。坐东朝西，二进三开间一明堂。通面阔9.2米，通进深12.95米，占地面积119.14平方米。有门楼、砖雕、木雕。前进基本损毁，墙体严重开裂，右翼倒塌。后进基本保存完好。

方多一宅

位于歙县徽城镇渔梁街92-12号，建于清末。坐南朝北。通面阔4.36米，通进深9.28米，占地面积40.4平方米。砖木二层结构，地面铺砖。

方恩明等宅

位于歙县三阳镇竹源村，建于清代。坐东北朝西南，一进三开间楼房。通面阔11.16米，通进深8.86米，占地面积98.88平方米。有门楼和砖雕，无木雕。

方法宅

位于徽州区岩寺镇石岗村石岗组，建于清代。坐北朝南，建筑面积90.22平方米。三开间上下对堂二层楼房。进门为下堂门厅，下堂进深较浅，中间为门厅，两次间为小房。上堂三间，明间厅，两次间房。楼上走马楼，三间分割。

方凤仙宅

位于歙县徽城镇南源口村，建于清代。坐北朝南，一进三开间二层建筑。通面阔11.7米，通进深8.3米，占地面积97.1平方米。砖木结构，曾改建。

方凤仙宅

位于歙县坑口乡阳坑村中塝自然村，建于清末。坐东南朝西北，砖木结构，四合式，上下对堂。楼上装有美人靠，无槛门，两厢隔扇有损坏。左厢三间靠壁天井，大部分倒塌。装有雕刻套门。

方富达等宅

位于休宁县鹤城乡新安源村茶源组村中央，建于清代。占地面积90.21平方米。坐西朝东，一进三开间。天井处铺青石板，柱础方形，雀替雕如意、瑞兽，额枋饰『卍』字纹，内墙壁书『福』字。

方富强宅

位于歙县雄村镇浦口村四组，建于清代。坐北朝南，二进一开间二层建筑。通面阔3.35米，通进深6.48米。有一格子门，门面均为木结构。

方富忠宅

位于歙县杞梓里镇小源村，建于清代。坐北朝南，一进三开间二层建筑。通面阔10.1米，通进深4.5米，占地面积45.5平方米。有木制阁楼，无砖木雕。

方观煌等宅

位于歙县三阳镇竹源村，建于清末。坐东北朝西南。通面阔9.15米，通进深8.15米，占地面积74.57平方米。式样简单，中间中堂，西边厢房，二层。

方观来等宅

位于歙县杞梓里镇胡川村，建于清道光中叶。坐北朝南，一进三开间楼房。通面阔6.6米，通进深9.5米，占地面积62.7平方米。20世纪40年代前进拆除，另改门面。

方观林宅

位于歙县坑口乡瀹源村瀹坑组，建于清代。坐北朝南，一进三开间。通面阔9.3米，通进深7.2米，占地面积66.96平方米。砖木结构。两厢靠壁天井，照壁门装梁，暗天井。有槛门，无砖木雕。

方观路等宅

位于歙县三阳镇竹源村，建于清代。坐东北朝西南，二进三开间。通面阔10.65米，通进深12.4米，占地面积132.06平方米。

方观茂宅

位于歙县雄村镇浦口村丰村组，建于清代。坐东朝西，一进三开间。通面阔10.63米，通进深6.3米，占地面积67平方米。一个天井，有冬瓜梁，有梁柁，雕有人物，有雀替，雕有花草；有格子门、格子窗和斜撑。门口有门楼，有砖雕。有圆石柱础。

方观年等宅

位于歙县三阳镇叶村，建于清代。一进三开间二层建筑。通面阔9.6米，通进深5.5米，占地面积52.8平方米。

方观清宅

位于歙县徽城镇渔梁路201号，建于清代。坐北朝南，砖木结构二层建筑。通面阔6.86米，通进深7.15米，占地面积49.05平方米。门口青石台阶，墙体已被墙纸遮住，圆柱横梁支撑。

方观田宅

原位于歙县坑口乡瀹潭村，现存于潜口民宅明园内，建于明代中叶。一进三开间砖木结构二层建筑。小青瓦，马头墙。隔断与楼厅、天井栏板均采用宋元护缝制装修一板一栿。上下枋间用芦苇墙隔断。大门用内外门罩保护，内门罩饰霸王拳，尤其是屋柱与柱础间加一木櫍，起防潮、防腐、防震作用。1988年作为潜口民宅的组成部分被列为全国重点文物保护单位。

方光汉、江得意宅

位于歙县徽城镇南源口村王村茂自然村，建于清代。坐东朝西。通面阔13.95米，通进深2.65米，占地面积37平方米。二层，砖木结构。

方光汉二号宅

位于歙县徽城镇南源口村王村茂自然村，建于清代。坐北朝南，一进三开间二层建筑。通面阔8.25米，通进深6米，占地面积49.5平方米。砖木结构，有木雕。

方光汉一号宅

位于歙县徽城镇南源口村王村茂自然村，建于清代。坐南朝北，一进三开间二层建筑。通面阔6.83米，通进深6.1米，占地面积41.7平方米。砖木结构，有木雕。

方光林宅

位于歙县徽城镇就田村，建于清代。坐北朝南。通面阔10米，通进深16米，占地面积160平方米。二层，砖木结构。

方光伟等宅

位于歙县徽城镇南源口村王村茂自然村，建于清代。坐南朝北，一进三开间二层建筑。通面阔9.4米，通进深5.55米，占地面积52.2平方米。砖木结构。

方光亚宅

位于歙县徽城镇南源口村王村茂自然村，建于清代。坐北朝南，一进三开间二层建筑。通面阔7.9米，通进深8米，占地面积63.2平方米。砖木结构。

方光耀宅

位于歙县徽城镇就田村青山湾组，建于清代。坐北朝南，通面阔13.6米，通进深11米，占地面积150平方米。

方桂芬宅

位于歙县徽城镇渔梁街239号，建于清代。坐北朝南，一进三开间。通面阔13.07米，通进深7米，占地面积91.49平方米。木质土墙二层建筑。玻璃格子门窗，圆柱方墩支撑。青石铺设地面。

方桂明等宅

位于歙县坑口乡瀹源村瀹坑组，建于清代。坐东北朝西南，二进三开间。通面阔14.7米，通进深17.6米，占地面积254平方米。四合式，上下对堂。装有瓜梁、雀替、驼峰、屏门、柱撑，砖木雕刻精美。

方桂英宅

位于歙县北岸镇白杨村方祈组，建于清代。坐西朝东，二进三开间。通面阔10米，通进深14.3米，占地面积143平方米。内有少量木雕，保存一般。

方桂珠宅

位于歙县徽城镇渔梁街，建于清代。坐北朝南，一进一开间二层建筑。通面阔3.5米，通进深6.3米，占地面积22平方米。砖木结构。

方国庆宅

位于祁门县小路口镇大丰村方村组，建于清光绪十一年(1885)。坐东南朝西北，徽派砖木二层走马楼式建筑。砖制门罩并设花窗，中设天井采光通风，屋内雀替、隔扇、花窗等木雕精美。通面阔10米，通进深12米，占地面积120平方米。

方海军等宅

位于歙县三阳镇三阳村外坦组，建于清乾隆年间。二进三开间一明堂二层建筑。通面阔6.8米，通进深12.05米，占地面积81.94平方米。有砖雕门楼，有精美木雕狮子、梁柁。

方汉成宅

位于歙县雄村镇浦口村丰村组，建于清末。坐北朝南，三进三开间二层建筑。通面阔10.9米，通进深14.1米，占地面积153.7平方米。有门楼，门罩砖雕精美。主体结构保存较好。

方汉杰宅

位于徽州区呈坎镇灵山村二组，建于明末。坐东北朝西南，建筑面积102.2平方米。五开间上下对堂砖木结构。大门开在东厢房，进门即门廊，下堂门廊五开间，天井狭长，有蓄水池，花岗石板铺砌，上堂距下堂50厘米，地坪大方砖斜铺。

方荷娣宅

位于歙县深渡镇绵潭村辉一组，建于清代。坐北朝南，一进三开间二层厢房。通面阔9米，通进深6.3米，占地面积56.7平方米。西面木板出面。正侧两边出面为砖墙。

方红梅等宅

位于歙县坑口乡瀹源村汪村自然村，建于清末。坐北朝南，一进三开间二层建筑。通面阔10.15米，通进深10.85米，占地面积104.03平方米。砖木结构，前檐排楼沿，屋顶人字脊，两端马头墙俗称『人字两头翘』。

方红友、方炽大宅

位于歙县雄村镇柘林村十二组071号，建于清代。坐东朝西，一进三开间二层建筑。通面阔9.7米，通进深4.65米，占地面积45平方米。一楼有格子窗，西侧有厢房。

方鸿宝等宅

位于歙县徽城镇南源口村王村茂自然村，建于清代。坐南朝北，二进一天井。通面阔16.55米，通进深13.3米，占地面积220.1平方米。有木雕。

方鸿木等宅

位于歙县三阳镇竹源村，建于清代。坐东北朝西南，一进三开间二层建筑。通面阔10.8米，通进深8.15米，占地面积88.02平方米。有木雕。

方鸿寿等宅

位于歙县三阳镇竹源村，建于清代。坐东北朝西南，一进三开间二层建筑。通面阔9.3米，通进深7.55米，占地面积70.22平方米。有木雕梁柁、木雕窗，有墙画。

方辉桥宅

位于祁门县祁红乡塘坑头村红光组。坐西朝东，徽派砖木二层跑马楼式结构。面阔9.6米，进深17米，占地面积163.2平方米，系村中保存最好的一幢古民居。

方辉熊等宅

位于歙县杞梓里镇坡山村，建于清代。坐南朝北，一进三开间二层砖木结构建筑。通面阔8.1米，通进深6.95米，占地面积56.3平方米。厅堂坐东朝西，明两层暗三层，照壁后上楼。青石门框，门楼饰以砖雕。

方惠忠宅

位于歙县北岸镇呈村降村呈东组，建于清代。坐北朝南，一进三开间。通面阔9.35米，通进深7.4米，占地面积69.19平方米。门楼有砖雕，内有少量木雕。

方继康宅

位于歙县徽城镇南源口村王村茂自然村，建于清代。坐南朝北，砖木结构二层建筑。通面阔6.15米，通进深5.2米，占地面积32平方米。

方继来宅

位于歙县北岸镇呈村降村呈东组，建于清代。坐东朝西，一进三开间楼房。通面阔12米，通进深4米，占地面积48平方米。有门楼无雕刻，内部有简单木雕。

方继善宅

位于屯溪区屯光镇篁墩村，建于清代。占地面积80平方米。坐东北朝西南，一进三开间砖木结构二层建筑。穿斗式，硬山式屋顶。前为天井，明间为厅，两次间为厢房。

方家苟宅

位于徽州区呈坎镇灵山村，建于清代。坐东北朝西南，建筑面积228平方米。三进三开间楼房。前进门厅，中为通道，两次间隔为住房。中进为两层半楼房，三间一统为大厅，抬梁式梁架，月梁承雀替承楼西枋。明间前金柱柱头饰有倒爬狮斜撑，额袱上两平盘斗雕刻华丽。后进为两层半，明间辟为客厅，两次间为住房。2012年作为灵山村古建筑群的组成部分被列为安徽省重点文物保护单位。

方家勤宅

位于祁门县芦溪乡查湾村47号，建于清代。坐北朝南，砖木徽派二层建筑。前后厅对开走马楼式，中设天井采光通风，屋内木雕精美，保存较好，青石板、木地板铺设地面。通面阔11米，通进深13米，占地面积143平方米。

方坚勇宅

位于祁门县小路口镇胜利村寺前组1-09号，建于清末。坐东朝西，一进三开间徽派砖木二层建筑。前设天井采光通风，天井处为青石板铺地，木地板铺设厅堂地面，屋内雀替、隔扇已失。通面阔10.6米，通进深10米，占地面积106平方米。

方建光、汪友瑞宅

位于黟县宏村镇汤蜀村岭下组，建于清代。坐西南朝东北。开间18.13米，进深8.05米，占地面积143.3平方米。三开间带二厢有天井二层建筑。照壁后上楼，大门朝前，左厢侧耳门通偏厅，左边间前墙门通厨房，厨房前门通外路，厨房有楼梯上楼。三合土斜方格地面。

方建华宅

位于歙县北岸镇五渡村，建于清代。坐北朝南，一进三开间。通面阔8.5米，通进深7.7米，占地面积65.45平方米。门楼无砖雕，内无木雕，前横梁粗大。

方建明宅

位于歙县北岸镇白杨村方祈组，建于清代。坐西朝东，由相连两幢组成。左宅面阔5.8米，进深8.4米，二进三开间。右宅面阔3.7米，进深4.7米，一进二开间。整体面积65.51平方米。门楼有砖雕，内有木雕，较精美。

方金翠宅

位于歙县昌溪乡昌溪村红旗上田组，建于清末。东面主厅一进三开间。通面阔8.4米，通进深12.75米。南面有大院及厨房，总占地面积220平方米。室内无木雕，西面统间房，木质构造。

方金水等宅

位于歙县坑口乡瀹源村瀹坑组，建于清代。坐东北朝西南，四合式。通面阔 10.7 米，通进深 19.5 米，占地面积 208.7 平方米。上下对堂。主宅二层三开间，右厢厨房三间靠壁天井。有冬瓜梁、驼峰、雀替、屏门、柱撑。砖木雕刻精美。

方金仙宅

位于歙县徽城镇渔梁街，建于清代。坐南朝北，二进三开间楼房。通面阔 10 米，通进深 18 米，占地面积约 180 平方米。砖木结构，木门，格子窗。后进改建。

方金秀宅

位于歙县徽城镇斗山街，建于清末。坐东朝西，一进三开间。通面阔9.24米，通进深9.82米，占地面积90.8平方米。砖木结构房屋，有楼，天井较长，南面有一小院。正厅两边为厢房，照壁后上楼。南面厢房后有一小杂货间。原属斗山街5-1号胡治耘户，20世纪60年代卖给方金秀，与胡治耘宅为连宅。南面厨房已改建为新宅。

方锦华宅

位于歙县北岸镇呈村降村呈西自然村，建于清代。坐北朝南，一进三开间楼房。通面阔6.8米，通进深9.25米，占地面积62.9平方米。门楼无砖雕，内有少量木雕。

方进辉宅

位于黟县碧阳镇丰梧村，建于清末。坐北朝南。开间10.05米，进深9.2米，占地面积92.5平方米。三开间带二厢有天井二层建筑，砖木结构。彩绘天棚，木构架及装修较好。

方进九宅

位于黟县西递镇西递村，建于清光绪年间。坐西朝东。建筑面积83.8平方米，通面阔8米，通进深7.1米。三开间二层建筑。

方九斤宅

位于黟县碧阳镇横岗村，建于清末。坐南朝北。开间10.1米，进深7.6米，占地面积76.8平方米。一进三开间一天井二层建筑。隔扇门窗、飞罩等木装修雕刻精美，保存相对完好。

方九有宅

位于徽州区呈坎镇灵山村三组，建于清代。坐南朝北，建筑面积210.4平方米。一进五开间楼房。明次间三间作为厅堂，两梢间辟作住房，梁架为矩形梁，柱头饰云纹斜撑。楼上辟作四住房，明间作厅。

方凯旭宅

位于歙县坑口乡瀹潭村新屋下组，建于清末。坐西北朝东南，三间『品』字楼房。通面阔10.6米，通进深17.07米，占地面积164.14平方米。砖木结构二层建筑。牌坊式门楼雕刻精美。有槛窗、窗衣，无其他木雕。有门厅，麻石板院子。

方楷全宅

位于歙县三阳镇竹源村，建于清代。一进三开间楼房。通面阔5.4米，通进深9.8米，占地面积52.92平方米。

方可明宅

位于绩溪县瀛洲镇浒里村44号，建于清代后期。坐西朝东，占地面积120平方米。一进三开间二层楼房。大门开在北山墙，抬梁穿斗并用式梁架。三合土地坪，外围封火墙，二楼的隔扇完整，木质影壁后为厨房和附属房。柱上有明显的太平军所砍刀痕。

方可忠宅

位于绩溪县瀛洲镇湖里村43号，建于清代后期。坐东朝西，占地面积162平方米。上下对堂，二楼通转，中设天井，四水归明堂，抬梁穿斗并用式梁架，三合土地坪，外围封火墙。大门开在北山墙，二楼隔扇完整，两厢隔扇雕刻精美。

方坤荣宅

位于歙县北岸镇五渡村，建于清代。坐北朝南，一进三开间。通面阔6.2米，通进深3.8米，占地面积23.94平方米。门楼无砖雕，内无木雕。

方腊根宅

位于黄山区仙源镇水东村许堪组，建于清代晚期。占地面积169平方米。二进三开间，高约5米。木架结构穿斗式，斜方格纹水门汀地面，地沟式天井，板壁墙，天棚望砖，后进有卷棚。

方来度宅

位于徽州区潜口镇蜀源村第六组，建于清代。坐西北朝东南，建筑面积277.94平方米。二进三开间四合院楼房，门厅为三间厅堂，后进为上下对堂四合院。楼下明间为客厅，次间为住房。上下堂一样。斜撑雕八仙，楼下窗扇格子雕刻精细，各刻八仙法器，窗栏板雕刻戏文。楼上为走马楼。

方来发宅

位于歙县北岸镇瞻淇村360号，建于清代。坐东南朝西北，二进五开间。通面阔12.9米，通进深10.8米，占地面积139平方米。门楼有砖雕，内部有部分木雕。

方来芬宅

位于歙县雄村镇浦口村三组，建于清代。坐东朝西，二进三开间。通面阔8米，通进深8.3米，占地面积66.4平方米。门楼有砖雕，厅堂西侧有小冬瓜梁，有后门。

方兰花宅

位于歙县昌溪乡红心村，建于清代。坐西南朝东北，呈不规则形状。占地面积58平方米。正堂坐西朝东，南侧一厢房，北面另有木窗采光通风，屋内无雕刻，西南有楼梯上二楼，东北角有一小杂物间。正堂有堂壁，北面有离墙柱但无堂壁。

方兰贞宅

位于歙县富堨镇中溪村凤凰四组，建于清代。坐东朝西，一进三开间楼房。通面阔9.5米，通进深9.6米，占地面积91.2平方米。大门有门楼。内部斜撑等构件有雕刻。

方乐平、方乐茹宅

位于徽州区呈坎镇灵山村二组，建于清代。建筑面积179.14平方米。二进三开间砖木结构二层建筑。前进为上下对堂，下堂明间厅，西厢过道，东厢辟为房间。中为天井，地花岗岩铺砌。上堂明间为厅，两次间为房。楼上走马楼。

方丽琴宅

位于歙县霞坑镇里方村十一组，建于清代。坐西北朝东南，一进三开间。有天井，有楼。通面阔11米，通进深8.5米，占地面积90平方米。大门靠大路边，有门罩。

方丽珍宅

位于歙县雄村镇朱村一组，建于清末。坐北朝南。砖木结构二层建筑。通面阔3.48米，通进深9.25米，占地面积32.19平方米。圆柱方墩，结构较为简单。

方利巧宅

位于黟县西递镇西递村，建于清代中期。坐北朝南。建筑面积108.1平方米，通面阔10.2米，通进深8.1米。三开间二层建筑。

方利群宅

位于黟县碧阳镇碧山村碧东组，建于清代。坐北朝南，开间14.5米，进深10.15米，占地面积147.2平方米。五开间厅堂式带二厢有天井二层建筑。右边间前檐墙门通外巷路，右厢通偏厅，照壁后上楼，隔扇门窗、木构配件、横风窗等保存较好，制作较精致，天花板天棚有彩绘。

方良玉宅

位于歙县北岸镇五渡村，建于清代。坐西朝东，一进三开间。通面阔7.5米，通进深8.8米，占地面积66平方米。门楼无砖雕，内有诸多木雕，较精美。

方六斤宅

位于祁门县闪里镇桃源村下村组。坐北朝南，砖木结构二层建筑。进深8.7米，面阔10.4米，占地面积90平方米。砖雕门楼（罩）、木雕隔扇保存完好。

方路果宅

位于歙县杞梓里镇长川村胡家坎组，建于清道光中叶。坐西北朝东南，砖木结构二层建筑。占地面积62平方米。

方茂煌等宅

位于歙县三阳镇竹源村，建于清末。坐东北朝西南，一进三开间二层建筑。通面阔6米，通进深10.1米，占地面积61.61平方米。

方茂炎等宅

位于休宁县鹤城乡樟田村樟沅里组村中央，建于清代。占地面积522.23平方米。坐北朝南，二进三开间。前有花园，装饰花窗；门罩砖雕饰花卉、人物；一进木隔扇窗雕龙、蝙蝠及『寿』字；二进地面铺青石板，立柱及柱础方形，木隔扇门饰方格，隔扇窗雕花卉、吉祥鸟，雀替雕土龙，斜撑雕祥云、蝙蝠等，额枋饰宝瓶、花卉。后部为用条石垒砌的花台。

方敏卿宅

位于歙县郑村镇祥里村，建于清代。坐西朝东，一进三开间二层建筑。通面阔8.6米，通进深7.6米，占地面积65.36平方米。厅堂木板，南北有厢房，有天井，青石铺就。二层气窗均有格子门，梁撑有木雕。

方明富等宅

位于歙县杞梓里镇坡山村，建于清代。坐东朝西，二进三开间砖木结构二层建筑。通面阔8.05米，通进深11.2米，占地面积95.2平方米。门楼饰有砖雕。

方明生宅

位于歙县徽城镇南源口村王村茂自然村，建于清代。坐南朝北，二进三层建筑，有一天井。通面阔4米，通进深8.95米，占地面积35.8平方米。

方铭生宅

位于黟县宏村镇塔川村里田组，建于清代。坐北朝南，开间9.47米，进深7.4米，占地面积70.1平方米。三开间二层建筑。有天井，左侧耳门为入口，右侧厢设楼梯。房屋整体保存较完整，门窗木结构制作较好并保存完整。

方七斤宅

位于休宁县鹤城乡樟田村樟沅里组村中央，建于清代。坐北朝南，占地面积70.76平方米。门罩砖雕饰龙、狮、鸟、花草等，一进地面铺青石板，柱础方形，木隔扇窗饰方格，裙板饰方格；二进全毁。其后部为用条石垒砌而成的二层花台。

方前发、方彩华宅

位于歙县北岸镇五渡村，建于清代。坐北朝南，一进三开间。通面阔9.4米，通进深9.65米，占地面积90.71平方米。门楼无砖雕，内有少量木雕，雕工一般。

方勤弟宅

位于祁门县祁山镇西街新兴路388-1号。坐北朝南，徽派砖木二层三开间四房二厢走马楼式。宅前有院，正屋砖雕门罩，中设天井采光通风，青石、木地板铺设地面。通面阔11米，通进深15.9米，占地面积175平方米。

方青等宅

位于歙县北岸镇白杨村，建于清代。坐北朝南，二进三开间。通面阔5.65米，通进深8.5米，占地面积48.03平方米。门楼无砖雕，内无木雕。

方清香宅

位于黟县碧阳镇南屏村，建于清代。坐西南朝东北。开间9.95米，进深7.4米。占地面积73.6平方米。三开间带二厢有天井二层建筑，砖木结构。隔扇、横风窗制作较好。

方秋根等宅

位于歙县三阳镇高峰村沙坦组，建于清代。坐西朝东，二进一明堂二层建筑。通面阔9.4米，通进深12.7米，占地面积119.4平方米。前进因火灾重修，天井两翼已无。

方荣虎宅

位于歙县雄村镇浦口村丰村组，建于清代。坐西朝东，二进三开间二层建筑。通面阔9.6米，通进深11.7米，占地面积112.3平方米。一个天井。大门口门楼有砖雕。有格子窗。有简易斜撑和石础。

方荣花宅

位于黟县宏村镇屏山村，建于清末。坐西朝东。开间10.01米，进深7.57米，占地面积75.8平方米。三开间带二厢二层建筑。有天井，有门楼，左厢门通厨房。

方荣军宅

位于黄山区谭家桥镇东黄山村西一组，建于清代。二进三开间，半跑马楼式，占地面积115.86平方米，高约5.5米。木架结构穿斗式。三合土地坪，地沟式天井，板壁墙，天棚望板。天井上檐有斜撑4个。

方瑞江等宅

位于歙县北岸镇白杨村，建于明末清初。坐北朝南，二进三开间。通面阔9.85米，通进深12.35米，占地面积121.65平方米。门楼部分有砖雕，内无木雕。

方三建宅

位于绩溪县瀛洲镇浒里村95号，建于清代后期。坐北朝南，占地面积90平方米。一进三开间二层建筑。前檐设置一天井，撑拱承挑出檐，木雕构件雕刻精美，三合土地坪，外围封火墙。

方善山等宅

位于歙县北岸镇显村，建于清代。坐北朝南，二进三开间。通面阔9.65米，通进深10.85米，占地面积104.7平方米。门楼无砖雕，内有少量木雕。

方善书宅

位于徽州区呈坎镇灵山村六组，建于清代。建筑面积93.5平方米。一进三开间楼房，门廊内为小三间，两边为阁厢，有两通屏门。正屋为三间，明间为客厅，两次间为住房，矩形梁，柱头有回纹斜撑。楼上有厅堂和两厢房。

方社水宅

位于歙县杞梓里镇胡川村，建于清咸丰末年。坐北朝南，砖木结构二层建筑。通面阔4.3米，通进深5.6米，占地面积24.1平方米。青石门框，有砖雕门罩。

方声善等宅

位于歙县北岸镇五渡村，建于清代。坐北朝南，二进三开间。通面阔9.85米，通进深13.25米，占地面积130.51平方米。门楼有少量砖雕，内有诸多木雕，较精美。

方诗友等宅

位于歙县三阳镇竹源村，建于清代。坐东北朝西南，二进三开间二层建筑。通面阔8.7米，通进深10.9米，占地面积94.83平方米。有门楼，无木雕，右翼倒塌，梁柱腐烂。

方士载宅

位于歙县徽城镇打箍井街15号，建于明代中叶。坐东朝西，一层三开间。原为许国相府（俗称『阁老府』）建筑群的一部分。通面阔13.94米，通进深8.65米，占地面积120.6平方米。前有天井，后有廊院，中为厅，左右为厢房。楼层五开间，山墙尽端为穿斗式梁架，双步梁端作堆云状。1981年被列为安徽省重点文物保护单位。

方寿长宅

位于歙县三阳镇小岫村026号，建于清代。坐西北朝东南，一进三开间。通面阔5.75米，通进深10米，占地面积50.75平方米。楼有砖雕，内部雀替、斜撑、梁柁等构件有雕刻。

方树楠宅

位于歙县富堨镇中溪村一组，建于清代。坐东北朝西南，一进三开间楼房。通面阔10.6米，通进深8.35米，占地面积88.5平方米。大门有门楼，内部无雕刻。

方水源宅

位于歙县雄村镇浦口村一组，建于清代。坐西朝东，二进一开间二层建筑。通面阔6.6米，通进深7.1米，占地面积46.9平方米。二楼门面为木结构。

方顺伍宅

位于绩溪县瀛洲镇仁里村178号，建于清代晚期。坐北朝南，占地面积142.5平方米。分前后两堂，中设条石天井。大门前有庭院，东西侧有耳房。东耳房檐部饰木雕挂落，西耳房辟一拱门，门楣有书卷式砖雕，完整精美。二楼檐部装置裙板及矮墙，后堂明间为堂屋，东西次间为房，撑拱、雀替、驼峰、窗门、隔扇雕刻异常精美。

方四九宅

位于黟县宏村镇朱村，建于清末。坐东北朝西南，开间11.85米，进深6.6米，占地面积78.2平方米。三开间带二厢有天井二层建筑。照壁后上楼，右厢侧耳门为入口大门，左厢侧耳门通偏厅。三合土地坪。

方松林等宅

位于歙县徽城镇南源口村王村茂自然村，建于清代。坐北朝南，二进三开间。通面阔8.25米，通进深16.55米，占地面积136.5平方米。两个天井，有木雕。

方素娟宅

位于歙县坑口乡瀹源村，建于清代。坐北朝南，一进三开间二层建筑。通面阔9.3米，通进深10.5米，占地面积97.65平方米。砖木结构，无木雕，有水磨砖雕刻门楼。

方岁红等宅

位于歙县北岸镇显村，建于清代。坐北朝南，二进三开间。通面阔8.85米，通进深10.7米，占地面积94.7平方米。门楼无砖雕，内无木雕。

方太来宅

位于休宁县流口镇黄三村上三峰组村中央，建于清代。占地面积75.38平方米。坐西北朝东南，一进三开间。立柱、大梁、柱础均方形，拱门雕刻花卉，楼栏板外雕花卉、人物、瑞兽图案。

方婉香宅

位于歙县徽城镇渔梁街92-6号，建于清代。坐西朝东。通面阔8.2米，通进深9米，占地面积74平方米。砖木结构二层建筑。

方万乐等宅

位于休宁县齐云山镇东亭村珊坑组村中央，建于清代。占地面积48.38平方米。坐东朝西，一进三开间，大门开在北墙。天井处铺红砂石，柱础方形，大梁亦方形，内部木构架简单，木隔扇窗饰方格，裙板雕土龙及变形『寿』字。

方万珍等宅

位于歙县北岸镇呈村降村呈东组，建于清代。坐东朝西，一进三开间。通面阔9.25米，通进深6.85米，占地面积63.36平方米。门楼有少量砖雕，内有诸多木雕，较精美。厅中有『萱荫堂』匾额。

方为善宅

位于休宁县流口镇黄三村上三峰组村入口处，建于清代。占地面积88平方米。坐东朝西。二进三开间。大门设两步台阶，一进为门廊；二进柱础方形，雀替雕瑞兽、梅花，木隔扇窗雕人物、方格、花卉，拱门雕如意、花卉及『喜』『寿』二字，楼栏板外雕狮子、花卉。

方惟浩宅

位于歙县徽城镇南源口村王村茂自然村，建于清代。坐北朝南，二进二层砖木结构。通面阔10.65米，通进深4米，占地面积42.6平方米。

方慰芝宅

位于歙县郑村镇郑村，建于清代。坐北朝南，大门朝东，一进三开间二层建筑。通面阔10.1米，通进深7.6米，占地面积76.76平方米。门楼上有砖雕，厢房有格子窗，有方形石柱础、大小冬瓜梁。

方文莲宅

位于歙县徽城镇紫阳村，建于清代。坐南朝北，一进单开间二层砖木结构。通面阔5.75米，通进深5.8米，占地面积33.4平方米。

方文泰宅

原位于徽州区潜口镇坤沙村，现存于潜口民宅明园内，建于明代中后期。二进三开间『口』字形四合式楼房。楼下前进为门厅，两旁为厢房，后进明间为客厅，次间为卧室。楼上明间设祀祖座，天井四周设美人靠，弧形栏杆，栏杆下部裙板全部用框格式壶门装饰，玲珑剔透，雕工精美。楼板上铺楼面砖，房间四壁皮门装修，楼梯口设有盖板，用于防盗。1988年作为潜口民宅的组成部分被列为全国重点文物保护单位。

方文伟宅

位于黟县宏村镇塔川村里田组，建于清代。坐西北朝东南，开间9.7米，进深8.85米，占地面积85.8平方米，三开间带二厢二层建筑，有天井。左厢侧门为入口，右厢侧设楼梯，前廊仰尘板天棚腰檐。木构配件、隔扇等制作较好。

方文新宅

位于歙县徽城镇旸村，建于清代。坐北朝南，一进三开间一天井二层砖木结构。面阔8.7米，进深8.4米，占地面积73平方米。

方文义宅

位于歙县坑口乡瀹源村瀹坑组，建于清代。坐西朝东，一进三开间楼房。通面阔11.21米，通进深8.95米，占地面积100.33平方米。砖木结构，靠壁天井，左右厢装有隔扇，照壁两边门上及上堂前檐有梁，有丁头拱、马头墙，窗衣未雕。鼓形柱础。左厢侧开门，门楼简朴。

方宪宅

位于歙县徽城镇向阳路28-8号，建于清末。坐北朝南，二进三开间楼房。通面阔4.47米，通进深9.96米，占地面积43.62平方米。砖木结构房屋，有天窗，照壁后有楼梯。

方向阳、方向龙宅

位于歙县富堨镇承狮村西川组，建于清代。坐北朝南，一进三开间。通面阔9米，通进深12.2米，占地面积109.8平方米。边门朝西，有楼，下堂有厢房。

方小高宅

位于黄山区谭家桥镇中墩村东山下组，建于清末。二进三开间，前后进、过厢均有阁楼。高约5米，占地面积127.38平方米。木架结构穿斗式。水门汀地面，地沟式天井，板壁墙，天棚封檐，无望砖望板。

方小根等宅

位于休宁县鹤城乡新安源村茶源山组村中央，建于清代。占地面积65.6平方米。坐西朝东，一进三开间。结构较简单，立柱及柱础方形，雀替雕花卉，木隔扇窗饰方格、花卉，楼栏板处雕变形蝙蝠。

方小林宅

位于歙县雄村镇浦口村丰村组，建于清代。坐西朝东，一进三开间。通面阔9.5米，通进深9.3米，占地面积88.35平方米。有格子窗、花板，有雕花雀替、斜撑、小冬瓜梁，有梁柁和方形柱础。一个天井，有砖雕。

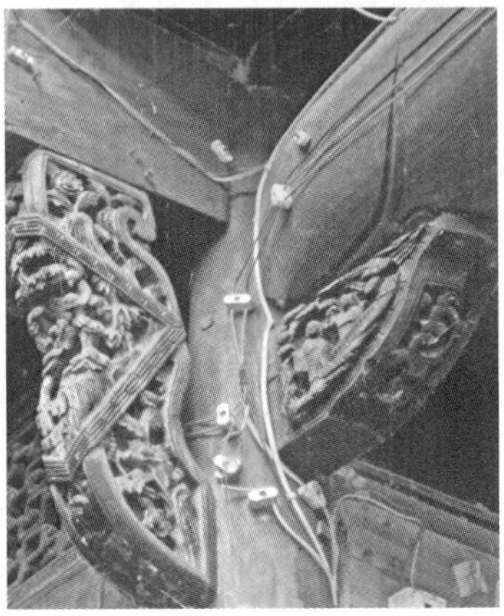

方小香宅

位于歙县徽城镇渔梁街86号，建于清末。坐南朝北，通面阔6.2米，通进深13.23米，占地面积82.03平方米。砖木结构二层建筑。圆柱横梁支撑，有天窗。

方小元宅

位于黟县宏村镇屏山村，建于清代。坐北朝南。开间9.92米，进深14.99米，占地面积148.7平方米。二进三开间带二厢二层建筑。后檐墙设门通后院，楼梯设在后进照壁后。

方孝华宅

位于歙县雄村镇浦口村一组，建于清末。坐西朝东，一进三开间二层楼房。通面阔8.2米，通进深7.9米，占地面积64.8平方米。正面墙二层为木结构。有方形石础，有楼梯。

方孝辉宅

位于黄山区仙源镇龙山村水关组，建于清代。占地面积79.1平方米。一进三开间，高约5米。木架结构穿斗式，水门汀地面，天棚望砖，马头墙。

方孝作宅

位于黄山区仙源镇龙山村羊河组，建于清代。占地面积170平方米。二进三开间，穿斗式。水门汀地面，平铺式天井。现整体框架、墙体基本保存完好。

方新国宅

位于歙县徽城镇南源口村王村茂自然村，建于清代。坐北朝南，砖木结构二层建筑。通面阔4.4米，通进深7米，占地面积30.8平方米。

方新利宅

位于歙县雄村镇浦口村丰村组，建于清代。坐西朝东，一进三开间二层楼房。通面阔7.7米，通进深6米，占地面积46.2平方米。大门有门楼，有简易砖雕。

方新民宅

位于休宁县鹤城乡新安源村茶源山组村中央，建于清代。占地面积59.19平方米。坐西朝东，一进三开间。结构较简单，柱础方形，雀替雕花卉，木隔扇窗饰方格、花卉。

方杏花宅

位于歙县徽城镇南源口村王村茂自然村，建于清代。坐南朝北，砖木结构二层建筑。通面阔3.6米，通进深5.8米，占地面积20.9平方米。

方秀英宅

位于歙县徽城镇就田村，建于清代。坐北朝南。通面阔8.34米，通进深8.61米，占地面积72平方米。大门有门楼，门楼有砖雕。

方秀英宅

位于徽州区岩寺镇永兴居委会南山下，建于清代。坐东朝西。建筑面积89.32平方米。一进三开间二层建筑。进门即东厢，与厅堂一起用长条砖铺砌。正屋三间，明间作厅，两次间为住房。楼上三间，小方砖墁地，每间正中双开格子门。

方煊等宅

位于歙县徽城镇解放街20–5号，建于清代。坐北朝南，三进三开间二层建筑。通进深24.8米，通面阔16.7米，占地面积324.7平方米。圆柱圆墩，木刻玻璃窗，进门有门套，前为小院，大厅后有过道。

方雪华宅

位于黟县碧阳镇碧山村碧西组，建于清末。坐西北朝东南，开间10米，进深12.35米，占地面积123.5平方米。一进三开间上下堂一天井二层建筑。木构架基本保存完好。

方雪琴宅

位于歙县徽城镇南源口村王村茂自然村，建于清代。坐北朝南，一进三开间。通面阔8.45米，通进深7.9米，占地面积66.8平方米。有天井。

方雪月宅

位于歙县深渡镇定潭村五组，建于清代。坐北朝南，一进三开间二过厢楼房。通面阔10.5米，通进深9.5米，占地面积99.75平方米。有天井，厅后有楼梯。大门顶挑檐，镶青砖。正门二楼有八卦图。

方雪珍宅

位于歙县徽城镇南源口村，建于清代。坐北朝南，一进三开间砖木结构二层建筑。通面阔9.4米，通进深10米，占地面积94平方米。格子窗。有花板、小冬瓜梁。正门在东面，有天井。

方杨等宅

位于歙县北岸镇白杨村西村组，建于清代。坐北朝南，三进三开间。通面阔9.65米，通进深15.35米，占地面积148.13平方米。门楼有砖雕，内有诸多木雕，皆较为精美。

方怡中等宅

位于歙县北岸镇白杨村上村组，建于清代。坐北朝南，二进三开间。通面阔5.6米，通进深5.85米，占地面积32.76平方米。门楼有部分砖雕，内无木雕。

方银子等宅

位于歙县徽城镇紫阳村，建于清代。坐西朝东，二进三开间砖木结构二层建筑。通面阔11.28米，通进深12.4米，占地面积139.87平方米。有天井，门窗有木雕，格子门窗。

方引安等宅

位于休宁县鹤城乡樟田村樟源里组村中央，建于清代。占地面积68.12平方米。坐北朝南，一进三开间。地面铺青石板，立柱及柱础方形，雀替雕花草、云纹及瑞兽，木隔扇窗雕草龙及如意，挂落饰斜主格。

方瑛宅

位于歙县北岸镇呈村降村呈东组，建于清代。坐东朝西，二进三开间楼房。通面阔8.2米，通进深13.4米，占地面积109.88平方米。门楼有砖雕，内部有木雕，皆精美。

方应承宅

位于歙县徽城镇鲍川村方家村自然村，建于清代。坐南朝北，一进三开间。通面阔 10.6 米，通进深 9.6 米，占地面积 102 平方米。一天井，有冬瓜梁、木雕。

方应禄、马菊香宅

位于黄山区仙源镇龙山村水关地段，建于清代晚期。占地面积 193 平方米。一进五开间。两侧外有走廊，高约 5.5 米。木架结构穿斗式。斜方格纹水门汀地面，平铺式天井，板壁墙，天棚望砖，卷棚月梁。月梁 1 对为双狮戏球图案，天井上檐 8 个斜撑均存，为狮子、人物、瓜果等图案，前内壁有壁画。

方永干宅

位于祁门县小路口镇胜利村寺前组，建于清末。坐西朝东。一进三开间二厢徽派砖木结构二层建筑，前设天井采光通风，青石板铺设地面。

方永明等宅

位于歙县北岸镇白杨村，建于清代。坐北朝南，二进三开间。通面阔7.5米，通进深12.2米，占地面积91.5平方米。门楼有砖雕，内有部分木雕。雕工较好。

方永庆宅

位于休宁县齐云山镇东亭村珊坑组村中央，建于清代。占地面积47.51平方米。坐东朝西，一进三开间，大门开在南墙。柱础方形，雀替雕刻花卉及龙，木隔扇窗饰方格，裙板雕花卉、松鹿等。

方友红宅

位于黄山区仙源镇龙山村水关组，建于清嘉庆年间。占地面积213平方米。二进式民宅，前进三开间，后进五开间，前后两天井，前有宅院，高约5.5米。木架结构穿斗式。斜格纹水门汀地面，前厅地面有杂宝图案，后进地面有麒麟图案。板壁墙，格子门扇，后进两层阁楼，天棚望板。前天井有斜撑8个，后天井上檐有斜撑20个，插金雀替2个。

方有女宅

位于黟县柯村乡翠林村，建于清代。坐东朝西。开间10.95米，进深10.2米，占地面积111.7平方米。上厅下堂三开间带二厢二层建筑，有天井。正前面为入口大门，照壁后上楼，前檐设卷棚轩。

方有时宅

位于歙县坑口乡瀹源村瀹坑组，建于清代。坐北朝南。通面阔17.3米，通进深12.5米，占地面积216.25平方米。砖木结构二层建筑。两幢相连，主宅三间『品』字形，右厢三间靠壁天井，依靠天井采光通风。石板院内有门亭。

方有文宅

位于歙县坑口乡瀹源村瀹坑组，建于清代。坐西北朝东南。通面阔10.55米，通进深18.4米，占地面积194.12平方米。砖木结构，后部、前部、右侧都已倒塌，仅存三间主宅。前后两天井，小方格窗。楼板搁栅相距0.5米，一板一枕装修，有丁头拱，楼沿装有飞来椅。前堂楼厅祖宗座、祖宗牌位尚存在。吊挂式简朴门楼。

方玉龙宅

位于黄山区仙源镇龙山村水关组，建于清代。占地面积186平方米。一进七开间。前后大院落，后有倚屋、菜园，高约7米。木架结构穿斗式。斜方格纹水门汀地面，地沟式天井（中为主井，两侧为耳井），板壁墙，天棚望砖。

方玉文宅

位于歙县杞梓里镇磻溪村，建于清道光年间。坐北朝南，二进三开间通转屋。占地面积约138.25平方米。石、木结构，梁柁、天井栏杆雕有花草、人物、狮，边厢上楼。青石门框，砖雕门楼。

方月红等宅

位于歙县徽城镇南源口村王村茂自然村，建于清代。坐北朝南，一进三开间。通面阔13.8米，通进深10米，占地面积138平方米。有天井、冬瓜梁、木雕。

方月仙宅

位于歙县霞坑镇湖山村002号，建于清代。坐南朝北，一进三开间。通面阔8.7米，通进深8.8米，占地面积76.56平方米。因天井被覆盖，大门上方有两个漏窗，用以采光。宅内有砖、木、石雕刻。

方悦庭宅

位于歙县坑口乡瀹潭村瀹潭组，建于清末。坐西北朝东南，三间『品』字形二层建筑。通面阔9.9米，通进深14.6米，占地面积144.54平方米。砖木结构，照壁两边有梁。无木雕，门楼雕刻精美。宅门前石板墙院。

方跃达宅

位于歙县雄村镇浦口村四组，建于清代。坐北朝南，一进三开间二层建筑。通面阔8.5米，通进深6.5米。门面均为木结构，有格子门。

方跃军、方良玉宅

位于歙县北岸镇五渡村，建于清代。坐南朝北，一进三开间。通面阔7.4米，通进深9.15米，占地面积67.71平方米。有门楼，无砖雕，内有少量木雕。

方灶犬等宅

位于歙县杞梓里镇胡川村，建于清咸丰末年。坐北朝南，一进三开间二厢砖木结构二层建筑。通面阔8.8米，通进深8.3米，占地面积73平方米。有梁、柱，青石门框，砖雕门楼。

方灶炎宅

位于歙县坑口乡瀹源村，建于清代。坐北朝南，砖木结构，四合式上下对堂二层建筑。通面阔9.9米，通进深13.95米，占地面积138.1平方米。上下堂前没有梁，未装两厢隔扇，有丁头拱。有槛窗、窗衣。

方增浩宅

位于歙县溪头镇溪头村，建于清代。坐西朝东，二进三开间楼房。通面阔 12.76 米，通进深 16.19 米，占地面积 206.58 平方米。有天井，无木砖雕。大门有门楼。

方增荣宅

位于绩溪县临溪镇临溪村 41 号，建于清代晚期。坐北朝南，占地面积 110 平方米。四进一开间二层建筑，没有雕刻，前进和二进之间有一天井。

方兆基宅

位于歙县徽城镇渔梁街15号，又名『思政堂』，建于清代。三进三开间砖木结构。通面阔13.1米，通进深18米，占地面积136平方米。有楼，天井，斜撑保存较为完整，木窗有雕花。2006年被列为歙县重点文物保护单位。

方真仁等宅

位于黄山区仙源镇龙山村，建于清代晚期。二进三开间。占地面积163平方米。穿斗式梁架。前进基本完好，后进有部分漏雨，造成梁架损坏。水门汀地面并有双狮绣球图案。月梁1对，通风窗1块。

方振华、方梦辉宅

位于歙县北岸镇五渡村，建于清代。坐东朝西，一进三开间。通面阔9.15米，通进深6.8米，占地面积62.22平方米。门楼有少量砖雕，装修较为普通，内无木雕。

方振兴、冯长水宅

位于歙县昌溪乡昌溪村红旗上田组，建于清代。坐西朝东，二进三开间。通面阔12.87米，通进深27.80米，占地面积357.8平方米。二进之间用照壁分隔，从边上进入。内部砖、木、石雕精美绝伦。

方正兰等宅

位于黄山区三口镇白果树村马路组，建于清末。占地面积239.44平方米。二进五开间，左右两侧各有一个偏房，高约5.5米。木架结构穿斗式。斜方格纹水门汀地面，平铺式天井，板壁墙，天棚望砖。该宅柱多为白果木质，梁、椽、檐多为松木质。

方志三等宅

位于歙县杞梓里镇胡川村，建于清道光年间。坐东朝西，一进三开间砖木结构二层建筑。通面阔9.3米，通进深7.6米，占地面积70.68平方米。有梁、柱、天井，边门出入。

方治庸宅

位于歙县雄村镇浦口村丰村组，建于清代。坐北朝南，二进一开间。通面阔9.45米，通进深12.2米，占地面积115.3平方米。一个天井。有门楼、砖雕、格子窗，有花板，刻有人物、风景，有石础。

方中文宅

位于徽州区岩寺镇罗田村五组，建于清代。坐东朝西，建筑面积795平方米。三开间上下对堂小四合院二层建筑。下堂很浅，一披水门廊。上堂三间，明间为厅，两次间装住房。楼上沿天井三边装格子门，三间，明间为厅，次间为房。

方仲良宅

位于歙县坑口乡瀹源村瀹坑组，建于清代。坐北朝南，一进三开间砖木结构二层建筑。通面阔7.85米，通进深8.1米，占地面积63.59平方米。原装有下堂隔扇，靠壁天井。有前檐梁，花槛窗门。

方子钧、朱好意宅

位于徽州区潜口镇坤沙村二组，建于清代。坐西南朝东北，建筑面积108.11平方米。一进五开间楼房，明间为厅，两次间和两梢间辟作房，柱头有夔龙斜撑。楼上五间，与一楼一样分割，屋面有望砖。

方宗心宅

位于歙县徽城镇南源口村王村茂自然村，建于清代。坐北朝南，三进三开间。通面阔9.6米，通进深21.25米，占地面积204平方米。两天井，有木雕。

方祖生、叶立生宅

位于黟县碧阳镇碧山村碧西组，建于清代。坐北朝南。开间11.15米，进深7.85米，占地面积87.5平方米。三开间带二厢有天井二层建筑。楼行栏杆和大门门楼保存较好。

方祖荫、方祖俞宅

位于歙县许村镇许村前溪组045号，建于明末。坐西朝东，一进三开间。通面阔9.17米，通进深8.26米，占地面积75.7平方米。梁撑、木雕及隔扇保存基本完整。

方作舟宅

位于徽州区岩寺镇虹光村石川自然村，建于清代。坐东朝西，建筑面积219.9平方米。上下两对堂二层建筑。进门为下堂门厅，两次间作房，楼上很低矮。上堂三间，明间厅长条砖横铺地，两次间为房。楼上走马楼，沿天井四周木板装修。

芳溪草堂建筑群

位于歙县坑口乡坑口村芳坑一组，建于清道光七年至同治十年（1827~1871），含道路空地等，占地面积约1000平方米。现存各式大小房屋9幢，左右巷路与邻居分离。此建筑群系著名徽州茶商江有科、江耀华祖孙连续建造。

房益多宅

位于黟县宏村镇龙江村蓬厦组，建于清代。坐东朝西。开间9.64米，进深6.69米，占地面积64.5平方米。三开间带二厢二层建筑。有天井，左侧耳门通厨房，从厨房上楼，右侧耳门通院，前院右角有一门亭。三合土地坪。

榧树下老宅

位于歙县金川乡伏黄村黄柏山组，建于清光绪十三年(1887)。坐北朝南，二进三开间。通面阔10.45米，通进深16.76米，占地面积175平方米。前有大坦，上下堂有厢房，天井两侧有廊，井池用万年青石铺就，有楼。有狮、人物、花木等精美砖木雕。

丰成剑宅

位于歙县徽城镇渔梁街，建于清代。坐南朝北。通面阔2.6米，通进深12.2米，占地面积31.7平方米。结构简单，玻璃格子门窗，前为大厅，后为厨房。

丰旦生宅

位于歙县雄村镇浦口村丰村组29号，建于清代。二进三开间二层建筑。通面阔9米，通进深14米，占地面积126平方米。有格子窗、圆形石础。西侧有厢房。

丰德雄宅

位于歙县雄村镇夏坑村，建于清代。坐北朝南，三进三开间。通面阔8.94米，通进深15.9米，占地面积142.2平方米。有梁柁、门庭、花格子窗、小花窗。有格子门、门石鼓。门楼被损。

丰福喜宅

位于歙县雄村镇浦口村丰村组，建于清末。坐北朝南，四进三开间。通面阔9.4米，通进深32.5米，占地面积305.5平方米。盐务官所建，结构完整。局部破损严重。门楼老旧，部分倒塌。内有曹文埴题『怡矢堂』匾额。

丰晋福宅

位于歙县雄村镇夏坑村，建于清代。坐北朝南，二进三开间。通面阔5.4米，通进深9.8米，占地面积52.9平方米。结构简单，正侧面有格子窗。有方形石础，有天井。

丰明亮宅

位于歙县雄村镇卖花渔村，建于清代。坐西朝东偏南，二进三开间。通面阔9.4米，通进深14.5米，占地面积45.2平方米。后进为三层，前进为两层，前为厅，后为房，厅梁柱础为圆鼓形，黟县青石。结构完整，但后进被火烧过。门朝北开，有两天井。

丰瑞花宅

位于歙县徽城镇渔梁街102-13号，建于清末。坐北朝南，有楼。通面阔3米，通进深6.5米，占地面积20.5平方米。

丰社力宅

位于歙县雄村镇夏坑村，建于清代。坐北朝南，一进三开间二层建筑。通面阔6.65米，通进深8.26米，占地面积54.9平方米。大门有门楼，原有砖雕。

丰士林宅

位于歙县雄村镇夏坑村，建于清代。坐西朝东，一进三开间二层建筑。通面阔9.5米，通进深6.5米，占地面积61.75平方米。大门口有门楼，有砖雕。有格子窗、方形石柱础、石鼓。大门一侧向内倾斜。

丰小明宅

位于歙县雄村镇夏坑村，建于清代。坐东朝西，一进三开间二层建筑。通面阔9.2米，通进深7.18米，占地面积66.1平方米。大门口有门楼，无砖雕，有格子窗、方形石柱础、格子门、简易斜撑。

丰秀华宅

位于歙县徽城镇渔梁街24号，建于清末。坐南朝北，三进三开间。通面阔8.1米，通进深18.74米，占地面积151.8平方米。主体为砖木结构，内有天井，后进还有个小天井，后进圆柱支撑。斜撑有雕刻。

丰野苟宅

位于歙县雄村镇夏坑村，建于清代。坐北朝南，二进三开间二层建筑。通面阔7.2米，通进深10.3米，占地面积74.52平方米。有格子窗。大门口有门楼，有简易砖雕。圆形石柱础，小冬瓜梁，有一个天井。

丰正利宅

位于歙县雄村镇夏坑村，建于清代。坐南朝北，一进三开间二层建筑。通面阔10.45米，通进深7.5米，占地面积78.38平方米。一层门面为砖结构，二层门面为木结构，二楼有格子窗。

冯达进宅

位于祁门县历口镇光辉村大二组。坐北朝南，一进三开间徽派砖木结构二层建筑。前有院，砖雕门罩，前设天井采光通风，屋内斜撑雕刻较好，青石、木地板铺设地面，通面阔9.5米，通进深9.6米，占地面积91平方米。

冯观吉宅

位于歙县郑村镇稠墅村，建于明代。坐北朝南，一进三开间砖木结构二层建筑。通面阔9.47米，通进深10.53米，占地面积99.7平方米。门罩有砖雕，厢房有格子窗，有天井，石头铺地，厅堂砖铺地，有梁撑。天井石头、厅堂地砖破损严重。

冯广炜宅

位于歙县霞坑镇鸿飞村346号，建于清代。坐南朝北，一进三开间。通面阔10.5米，通进深10.05米。大门有门楼，门楼有简易砖雕，斜撑、窗棂等有简易雕刻。

冯国雄宅

位于祁门县历口镇光辉村大二组。坐北朝南，一进三开间徽派砖木结构二层建筑。通面阔10米，通进深10.6米，占地面积106平方米。前有院，砖雕门罩，前设天井采光通风，青石、木地板铺设地面，屋内月梁、花窗、隔扇等雕刻保存较好。

冯继托宅

位于绩溪县长安镇冯村大街27号，建于清代晚期。坐北朝南，建筑面积250平方米。麻石门坊，前为庭院，后为建筑主体，二进三开间通转楼，每边两间厢房，中为天井。三合土地坪。

冯继先宅

位于歙县霞坑镇鸿飞村137号，建于清代。坐东北朝西南，一进三开间。通面阔14.6米，通进深9.9米。大门有门楼，门楼有简易砖雕，正面墙二楼有两个八卦窗。楼上有木雕栏杆，东南方有四扇木雕镶玻璃的屏门。

冯建平、汪培玉宅

位于歙县徽城镇斗山街10–23号，建于清代。坐西朝东，二进三开间。通面阔10.2米，通进深13米，占地面积133平方米。砖木结构房屋，有楼。前进天井狭小，两边回廊，后进天井较为开阔，两边厢房，大厅两边有房，照壁后楼梯上楼，格子门窗。

冯建平等宅

位于歙县霞坑镇鸿飞村137号，建于清代。坐东南朝西北，二进三开间。通面阔10.5米，通进深14.15米。大门有砖雕门楼，内部雀替、斜撑等构件有雕刻。

冯建生宅

位于黟县西递镇西递村株林一组，建于清末。坐西朝东。开间12.47米，进深7.05米，占地面积87.9平方米。三开间带二厢有天井二层建筑。左厢侧耳门通厨房，照壁后门通后建厨房。木构架承重。木隔扇、横风、木构配件制作较好。

冯金香宅

位于歙县霞坑镇崇头村，建于清代。坐西北朝东南，一进三开间二层建筑。通面阔7.8米，通进深10.8米，占地面积84平方米。大门无门罩，上有采光漏窗，内部梁柁、斜撑等有雕刻。堂前北面设有小门通厨房。

冯美琪宅

位于徽州区西溪南镇竦塘村郑村自然村二组，建于清代。坐西朝东，建筑面积120平方米。三开间上下二对堂二层建筑，门厅大方砖斜铺地。上堂三间，两次间房，柱头装夔龙斜撑。楼上走马楼，沿中天井一圈全部木板装修，坎上装格子门。

冯仁镜宅

位于歙县霞坑镇鸿飞村182号，建于清末。二进三开间楼房。通面阔6.6米，通进深11.3米，占地面积75平方米。不同于徽州传统建筑装饰风格。2006年被列为歙县重点文物保护单位。

冯天生宅

位于歙县霞坑镇鸿飞村228号，建于清代。坐西朝东，二进三开间，有楼。通面阔9.15米，通进深13.85米。大门有砖雕门楼，楼下有狮子梁撑，雀替、窗子亦有较精美的雕刻。

冯婉琴宅

位于绩溪县长安镇坦头村，建于清代后期。坐南朝北。上下对堂，二楼通转，中置天井，大门开在东山墙。抬梁穿斗并用式梁架。三合土地坪，外围封火墙，室内有狮撑、人物撑、雀替作装饰，雕刻非常精美。整栋建筑保存完整。

冯燕顺宅

位于绩溪县长安镇下五都村新屋下自然村，建于清代后期。坐东北朝西南，砖木结构。占地面积198平方米。面阔三间，进深五间，上下对堂，中间设一天井，二楼通转，东西厢房。靠天井四周的横梁上满工深浮雕人物山水，正厅大梁两头雕刻凤凰、花卉，斜撑、雀替、挂落、隔扇都有很精美的雕刻。

冯应元宅

位于绩溪县长安镇冯村，建于明代，清代大修。坐西朝东，占地面积130平方米。硬山屋顶，砌封火墙，明间抬梁式，边列穿斗式。分前后两进，中设天井，南、北两侧设7级台阶登后进，后进前步设拱轩，后步设人字轩。方砖地坪，前进设楼，前进已拆除改建成一栋两层的新楼房。后进保存完整，具有明末建筑风格，艺术价值较高。

冯治民宅

位于歙县霞坑镇鸿飞村三组，建于清代。坐西北朝东南，二进三开间。通面阔9.95米，通进深11.95米。有楼。大门有砖雕门楼，部分砖雕被破坏，进门两边是房间，天井右边有楼梯。内部雀替、梁柁、斜撑等有简易雕刻。部分木构件被破坏。

冯仲仁宅

位于徽州区西溪南镇竦塘村郑村自然村二组，建于清代。坐西朝东，建筑面积79.49平方米。三开间上下对堂平房，上堂三间显厅；下堂三间，一个小厅，两次间小房，全部木板装修，向厅开房门，上有木质天花板。

凤湖民宅

位于休宁县海阳镇凤湖烟柳度假村内，建于清代。坐东朝西，占地面积207.57平方米。现存门屋、大厅、寝楼。门罩砖雕四季花草，大门西立抱鼓石及石狮一对。柱础莲花状，地袱石装饰『卍』字及花草，门屋与大厅之间天井处筑鱼池，斜撑饰倒挂狮，雀替雕花卉及『寿』字。

福安堂书屋

位于歙县昌溪乡昌溪村，建于清代。坐东朝西。占地面积23.2平方米。系福安堂附属书屋，书屋名不详。砖木结构，南面有水塘，内外雕刻一般。

福安堂边屋

位于歙县昌溪乡昌溪村，建于清代。共两幢，互有通道，与福安堂有通道相连。南面屋面阔9.2米，进深5.7米；北面屋面阔9.2米，进深5.7米，总占地面积104.88平方米。最南面另有厨房一间，占地面积30平方米。

福寿堂

位于婺源县沱川乡理坑村184号，清乾隆年间余道生所建。因其曾任五品官员，为读书人家，承程朱理学，故在宅门上刻了『理学渊源』门匾。外墙上为五凤门楼，内有四水归堂。共三层，堂前朝东，两侧为厢房，月梁花窗雕刻精美，天井空间明亮，书香气息浓郁。砖木结构，大门坐东朝西，而内布局却为坐西朝东。正厅面阔10米，进深15米，占地面积150平方米。粉白的马头山墙与屋顶组成封闭的建筑空间，木结构为穿斗式。上为厅堂，两边为二厢房、四正房，中为天井，并以天井为中心，形成二层四合院式格局，以建造独特和木雕精湛见优，现保存基本完整。2006年被列为全国重点文物保护单位。

傅多弟宅

位于黟县宏村镇屏山村，建于清末。坐南朝北。开间10.26米，进深11.66米，占地面积119.6平方米。三开间带二厢有天井二层建筑。右侧耳门通巷道，后檐墙门通后院，门前有坦，砖、木、石构配件及装修等制作较好。

傅荣宗宅

位于黟县西递镇西递村，建于清代。坐北朝南。建筑面积151.7平方米。三开间二层建筑。

傅中东宅

位于黟县宏村镇塔川村协里组，建于清代。坐东北朝西南，开间8.73米，进深6.33米，占地面积55.3平方米。三开间有天井二层建筑。正面大门，照壁后上楼。木构及装修等保存较完整。

甘乐胜宅

位于黟县碧阳镇星火村中光组，建于清代。坐西朝东，开间8.2米，进深5.85米，占地面积48平方米。三开间有天井二层建筑。砖木结构，木构架承重。

高广学宅

位于绩溪县华阳镇花根村51号，建于清代后期。坐北朝南。占地面积120平方米。一进三开间二层建筑，一天井，外围封火墙，室内斜撑、雀替均雕刻精美，二楼设美人靠。东西对称，各有一厢房，大门有一甬道通往大路。

高枧村徐静巷8号宅

位于屯溪区黎阳镇高枧村徐静巷，建于清代。坐北朝南。占地面积186平方米。一进三开间砖木结构二层建筑。穿斗式构架。硬山式屋顶，后设边屋一间，底层有改造。厅堂与天井均石板铺地，无落差。

高利明宅

位于歙县雄村镇朱村五组，建于清代。坐北朝南，二进一开间二层建筑。通面阔4.9米，通进深8.9米，占地面积43.6平方米。大门由10扇板门组成。

高生荣宅

位于黄山区甘棠镇大桥村赵1组，建于清代。占地面积164.424平方米。二进三开间，一天井。木架结构穿斗式。天棚望砖，天井处有斜撑8个。

高文平宅

位于歙县雄村镇浦口村五组，建于清代。坐北朝南，二进一开间二层建筑。通面阔3.3米，通进深9.3米，占地面积30.69平方米。砖木结构房屋，店面屋，木板门。

高阳民居

位于歙县许村镇许村高阳组，建于清代。坐西朝东，一进三开间楼房。通面阔9.3米，通进深7.4米，占地面积68.82平方米。斜撑已毁，楼上尚存部分木雕。

高育文宅

位于黟县碧阳镇南屏村，建于清代。坐南朝北。开间9.25米，进深9米，占地面积83.3平方米。三进三开间二层建筑，砖木结构。木构架承重。

高援朝宅

位于徽州区西溪南镇西溪南村一心组，建于清代。坐南朝北，建筑面积178.1平方米。二进三开间二层建筑。前进一脊翻两堂，脊前为店面。后进上下两对堂，明间过道，两次间装小房。楼上三间两阁厢。

高樟福宅

位于绩溪县瀛洲镇上横形村5号，建于清代中后期。坐北朝南，占地面积202平方米。一进三开间二层建筑。前檐设一天井，撑拱承挑出檐，硬山屋顶，外围封火墙。抬梁穿斗并用式梁架。三合土地坪。室内挂落、斜撑、雀替、驼峰雕刻非常精美，大门上有精致的砖雕门罩。

葛晓华宅

位于绩溪县华阳镇章家路33号，建于清代后期。坐北朝南，占地面积100平方米。一进三开间二层建筑。前檐墙设一天井，撑拱承挑出檐。抬梁穿斗并用式梁架。三合土地坪，外围封火墙，室内的大梁、斜撑、雀替雕刻精美，梁架和基础较好。天井重新改造，正厅改为三房间。

葛秀仙宅

位于绩溪县扬溪镇塘塝村99号，建于清代后期。坐西南朝东北，占地面积215.5平方米。上下对堂，二楼通转，中设天井，东西厢房，撑拱承挑出檐，抬梁穿斗并用式梁架。外围封火墙，三合土地坪，室内有木质影壁，二楼的矮窗雕刻精致，斜撑和雀替雕刻精美。

葛兆海宅

位于绩溪县华阳镇章家路41号，建于清代后期。坐西朝东。面阔三间，进深五间，占地面积130平方米。硬山屋顶，南、北、东三向砌封火墙。抬梁穿斗并用式梁架。三合土地坪，前后两进，设前后天井，撑拱承挑出檐，檐部装置裙板和矮窗。

根心堂

位于黟县宏村镇宏村，建于清代。坐北朝南，三开间三层建筑。占地面积194平方米，建筑面积366平方米。主体通面阔10.8米，通进深12.7米。保护较好，莲花门完整。2001年被列为全国重点文物保护单位。

耕读堂

位于休宁县溪口镇花桥行政村村中央，建于清代。坐东北朝西南，一进三开间，占地面积69.8平方米。门罩砖雕饰花卉、瑞兽图案，大梁正中雕刻人物，左右两侧雕刻倒挂狮，雀替雕刻花草，额枋雕饰八宝图案。二楼栏板点缀小花卉。

耕乐堂

位于黟县西递镇西递村，建于清代。坐东朝西。建筑面积185.4平方米，占地面积140.4平方米，主体通面阔9.75米，通进深14.4米。二楼四合院建筑。

耕礼堂

原位于旌德县孙村乡玉溪村，现存于潜口民宅清园内，建于清代后期。三进五开间二层建筑。总平面近似方形官印。辟有32个房间，楼上楼下各16间，楼上前后畅通，为跑马楼。石库门的穴框石柱用石材较大，大门两边的清水八字墙很有特色，清水墙用清水大方砖斜铺，组成菱形图案，每块大方砖在烧制前做坯时就做成黑白相间的波浪纹，图案精美。屋内木雕刻以蝙蝠和喜鹊图案为主。1988年作为潜口民宅的组成部分被列为全国重点文物保护单位。

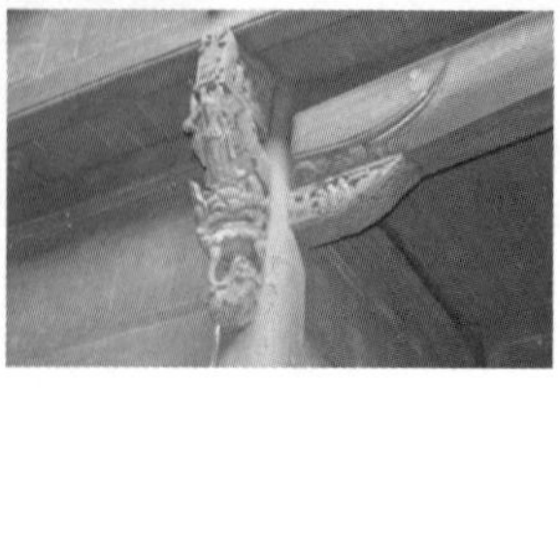

耕心堂

位于黟县宏村镇宏村，建于清代。坐北朝南，占地面积116平方米，建筑面积217平方米。主体部分通面阔9.4米，通进深17.4米。三开间二楼建筑。两侧房间的天花保存完整，绘有『丹凤朝阳』图。

耕心堂

位于歙县昌溪乡昌溪村庙下店组336号，建于清代。主体部分面阔9.05米，进深12.8米，占地面积115.84平方米。大门八字开，上有砖雕门楼。下堂横梁上有『紫气东来』木雕窗栏1块，厢房4间。上堂厢房窗栏雕暗八仙，雕刻精细。

耕心堂

位于婺源县思口镇西冲村，建于清道光年间。占地面积340平方米。梁枋木雕装饰，后改为民居。『文革』时期，村人在大门门额上嵌上一颗立体的五角星，别有一番特色。2005年被列为婺源县重点文物保护单位。

耿荣娟宅

位于黟县碧阳镇石亭村，建于清代。坐北朝南，开间9.9米，进深7.45米，占地面积73.8平方米。大门砖雕门楼。二进三开间带二厢(后进已封闭)有天井二层建筑。隔扇门窗、横风窗等木装修。

耿自修等宅

位于休宁县海阳镇齐宁社区百客厅巷29号，建于清代。坐南朝北，占地面积107.8平方米。呈四合布局。地面铺红砂石板，大梁、柱础皆方形，地袱石装饰花卉，斜撑雕刻八仙人物，额枋雕松鹿。偏厅大门嵌『守素』青石匾。

谷懿堂

原位于歙县北岸镇大阜村，现存于潜口民宅清园内，建于清道光年间。大门居中，上设砖雕门罩。大堂三间为厅，前设轩，轩间双步梁搁置于前檐，通间月梁上下垫以雕琢之挑头木，挑头木下为倒爬狮斜撑。后金缝装置照壁，通后进，居室为四合院，楼梯置左廊内，两廊为直接到地隔扇门，顶上通间置额花板，厢房窗洞上亦置横风窗。二层大堂前檐设拱厢，并置栏杆。斜撑、挑木、木板、雀替、窗扇及栏杆板均有细腻的雕刻。1988年作为潜口民宅的组成部分被列为全国重点文物保护单位。

縠我堂

位于歙县北岸镇瞻淇村448号，建于清代。坐北朝南，四进三开间。通面阔7.8米，通进深23.2米，占地面积180.96平方米。结构较为复杂，有砖雕门罩、狮子梁撑等诸多砖木石雕，隔扇精美。正堂上有『縠我堂』匾额，门前有小院。2006年被列为歙县重点文物保护单位。

縠诒堂

位于歙县北岸镇瞻淇村245号，建于清代。坐北朝南，由东西两栋组成。东宅二进三开间，通面阔8米，通进深21.35米；西宅二进三开间，通面阔6.25米，通进深19.6米。门楼有精美砖雕，内有诸多木雕。正堂中央有『縠诒堂』匾额。2006年被列为歙县重点文物保护单位。

关木求宅

位于休宁县蓝田镇隆光村磻村组，建于清代。占地面积117.37平方米。坐南朝北，呈四合。地面铺青石板，立柱及柱础方形，门罩砖雕饰瑞兽、宝瓶、元宝、倒挂狮等，雀替、斜撑均雕刻人物，髹饰金粉。裙板雕戏剧人物，木隔扇门镂空雕花卉、人物、瑞兽等。

官厅

位于歙县霞坑镇洪琴村079号，建于清代。坐西北朝东南，二进三开间。通面阔11.3米，通进深16.7米，占地面积184平方米。有楼。门楼有简易砖雕，内部斜撑、雀替等构件有雕刻，上堂为正式官厅，后庭为休息厅。

官厅

位于徽州区潜口镇澄塘村东边，建于清代。坐东朝西，建筑面积391.47平方米。三进三开间砖木结构楼房。前进为小四合院，二进为三层楼房，楼下明间厅，次间房，三进跟二进布局一样，天井东西均有门通往厨房和道路。

官厅

位于婺源县沱川乡河西村篁村自然村。清代余升故居，二品武官府第。村内外路圆井附近，建筑面积约350平方米。石库门朝南，砖雕门楼。门楼上方有八字形飞檐两层，两边有突出的砖榫、坐斗、雀替。门枋为麻石，但比一般官邸的门枋粗大。门额砖雕图案有葵花、菊花等，气度非凡。此屋内部前厅（正厅兼客馆）已完全倒毁，仅存后堂。2005年被列为婺源县重点文物保护单位。

管仁惠宅

位于休宁县万安镇轮车村上轮车组，建于清代。占地面积163.24平方米。建筑由大厅、三开间屋、四合院、偏房等部分组成，俗称『管家大院』。一进大厅三开间，柱础圆鼓状，有轩顶、小三架梁、驼峰、象鼻等，地面由水磨石金砖铺就；正厅雀替、斜撑雕刻花卉、方桥图案，木隔扇窗饰小方格；后进墙面绘花卉、松树及『寿』字图案。

管文光宅

位于歙县徽城镇渔梁街，建于清代。坐南朝北，属简易民房，二层砖木结构。通面阔4.2米，通进深3.8米，占地面积15.96平方米。结构简单，玻璃格子门窗。有改建。

光裕堂

位于歙县杞梓里镇外磻村，建于清初。外磻方氏支祠。通面阔31.17米，通进深22.32米，占地面积约695.71平方米。砖木结构，门楼被破坏。

光裕堂

位于歙县霞坑镇洪琴村433号，建于清代。坐北朝南，二进三开间。通面阔9.8米，通进深13.8米，占地面积135平方米。前有小院，门楼有砖雕，上下堂有厢房、有楼。砖、木、石雕十分精美。

桂安全等宅

位于黄山区甘棠镇大桥村赵1组，建于清代。三进二开间，占地面积225.06平方米，高约6米。木架结构穿斗式。水门汀地面，天棚有望柱，天井处有斜撑8个。

桂翠英宅

位于黟县宏村镇汤蜀村柏川组，建于清代。坐西朝东，开间9.34米，进深7.92米，占地面积73.9平方米。三开间带二厢有天井二层建筑。大门朝前，左厢侧耳门通外路，右厢侧耳门通厨房。

桂凤榴宅

位于黟县宏村镇屏山村，建于清末。坐北朝南。开间9.6米，进深14.69米，占地面积141平方米。三开间带二厢二层建筑。左厢侧耳门通外巷道。后檐墙设门通外道路。楼梯设在右厢廊。

桂馥庭

位于黟县西递镇西递村，建于清道光年间。坐东朝西。建筑面积135.4平方米，占地面积116.4平方米，主体建筑通面阔9.4米，通进深9.9米。三开间二层建筑。

桂和清宅

位于祁门县安凌镇赛丰村赛三组68号，建于清末。坐东南朝西北。通面阔10.9米，通进深12.4米，占地面积135平方米。二厅六厢三开间砖木结构二层建筑。前厅设有照壁，中设天井采光通风，下设明堂，方形柱础，青石板铺设地面。

桂花厅

位于徽州区呈坎镇呈坎村前街，建于明代。坐东朝西，建筑面积340平方米。大门镶砖朝街向，简易门罩。主楼一脊翻两堂，前后两天井，形成前后两个三合式院落。梭柱、月梁、丁头拱眼内雕花，芦苇墙，鹰嘴榫，明代建筑特征显著。后五间与主楼朝向相反，为清代建筑，临河向砌墙，施腰檐，楼层密实散板装修，传为私塾。2001年作为呈坎村古建筑群的组成部分被列为全国重点文物保护单位。

桂建保宅

位于祁门县安凌镇赛丰村赛一组74号，建于清末。坐西北朝东南。二进三开间砖木结构二层建筑。前后进均设有天井采光通风，后厅两侧有楼。通面阔9.1米，通进深14.6米，占地面积133平方米。

桂田川宅

位于黟县碧阳镇南屏村，建于清末。坐北朝南。开间10.45米，进深11.25米，占地面积117.6平方米。一进三开间上下堂一天井砖木结构二层建筑。天井完好，隔扇门窗基本保存完好、齐全精致，地袱石完整，厢廊构件完好精美。砖、木、石构配件及装修等制作水平较高。

桂秀文宅

位于黄山区乌石乡夏村大同自然村，建于晚清。门向西。占地面积131平方米，高约7.5米。硬山式，木架结构穿斗式。素面水门汀地面。地沟式天井，前天井，板壁墙，方柱方梁，天井两侧回廊，卷棚月梁。月梁为双狮戏球，有偷柱，天棚望板，天井上檐有斜撑8个。

郭吉安宅

位于黟县宏村镇宏村，建于清乾隆年间。坐南朝北。占地面积81.36平方米，主体建筑通面阔7.2米，通进深11.3米。三开间二层建筑。

郭吉庆宅

位于黟县宏村镇宏村，建于清代。坐北朝南。占地面积72平方米，主体建筑通面阔8米，通进深7.3米。三开间小平房建筑。

郭毛海宅

位于歙县徽城镇渔梁街，建于清代。坐北朝南，四进单开间砖木结构二层建筑。通面阔3.64米，通进深16米，占地面积60平方米。木门，格子窗。

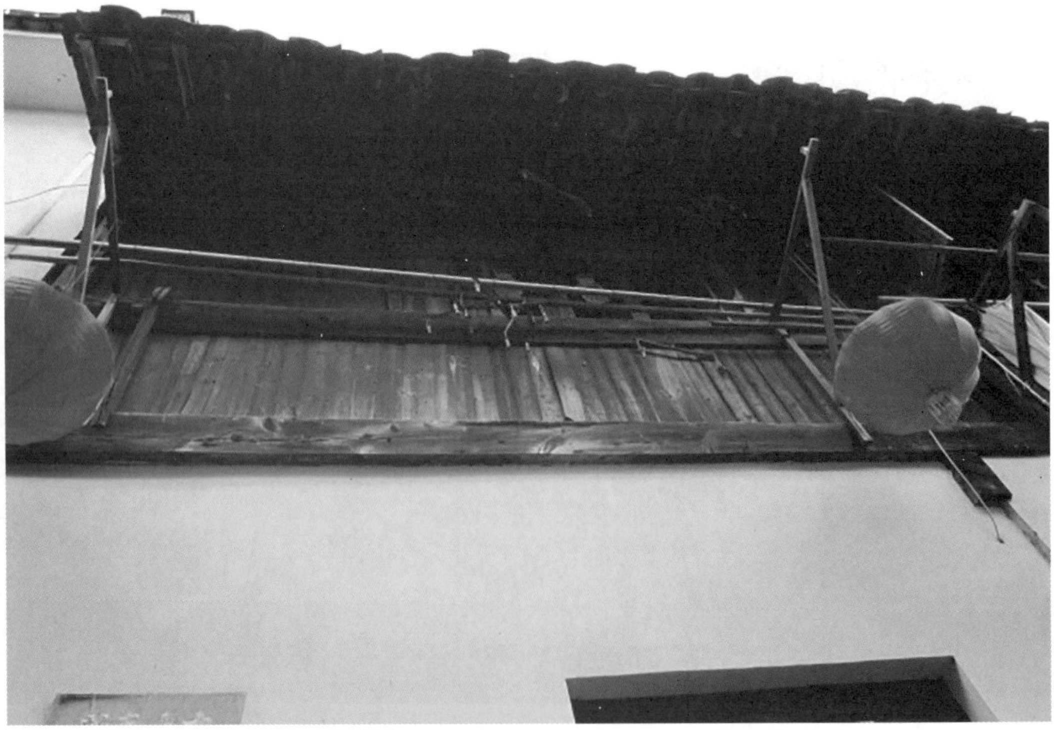

郭能强等宅

位于黄山区三口镇白果树村白果组，建于清代。占地面积121平方米，高约5.5米。二进三开间，木架结构穿斗式。水门汀地面(斜方格纹饰)，平铺式天井，板壁墙，天棚望板。该宅柱、梁、椽多为白果木、松木。

国菊仙宅

位于歙县富堨镇富堨村王川组，建于清代。坐北朝南，二进三开间。通面阔9.5米，通进深12.85米，占地面积122.1平方米。有楼，下堂有厢房。

韩炳尧宅

位于黟县宏村镇雉山村叶村组，建于清代。坐西朝东。开间9.8米，进深8.75米，占地面积85.7平方米。三开间带二厢有天井二层建筑。大门朝前，左厢侧耳门通厨房，照壁后上楼。

韩长根、韩周益宅

位于黟县宏村镇际村，建于清代。坐东朝西。开间10.3米，进深11.8米，占地面积121.5平方米。前后厅前后天井二层建筑。照壁后上楼，前后厢侧耳门通内巷至偏屋，后右厢侧耳门通内巷，后檐墙右边门通厨房。木配件及隔扇制作较好。

韩承湘宅

位于黟县宏村镇屏山村，建于清末。坐北朝南。开间9.55米，进深8.69米，占地面积83平方米。三开间带二厢二层建筑。右厢侧耳门通外巷路，左厢侧耳门通厨房。三合土地坪，木构配件及隔扇等装修精美别致。

韩冬明、韩寿明宅

位于黟县宏村镇大同村下双干组，建于清代。坐北朝南，开间9.6米，进深7.9米，占地面积75.8平方米。三开间带二厢有天井二层建筑。大门朝前，左厢侧耳门通巷道，后檐墙门通厨房，照壁后上楼。

韩凤英宅

位于黟县宏村镇屏山村，建于清末。坐北朝南，开间9.55米，进深10.82米，占地面积103.3平方米。三开间上下厅带二厢二层建筑。左厢侧耳门通外巷路。三合土地坪，房间内铺木地板。

韩福启宅

位于黟县碧阳镇南屏村，建于清末。坐东南朝西北，开间9.65米，进深76.95米，占地面积67平方米。一进三开间一天井二层建筑。砖木结构，木构架保存尚好。

韩国斌宅

位于黟县宏村镇大同村黄村口组，建于清代。坐北朝南。开间9.44米，进深11.35米，占地面积107.1平方米。三开间上下厅中天井二层建筑。左厢侧耳门通厨房，三合土斜方格地面，砖雕大门门楼保存较完整。

韩宏康宅

位于黟县宏村镇大同村黄村口组，建于清代。坐北朝南，开间9.1米，进深10.85米，占地面积98.7平方米。三开间带二厢上下厅中天井三层建筑。左厢侧耳门通外巷道，右厢侧耳门通厨房，右厢上楼。

韩宏荫等宅

位于黟县宏村镇大同村万村组，建于清代。坐北朝南。开间9.7米，进深12.5米，占地面积121.2平方米。三开间带二厢上下厅中天井二层建筑。左厢侧耳门通外巷路，右厢侧耳门通厨房，照壁后上楼，三合土地坪残破，木隔扇及木雕构配件制作工艺较高，保存较好。

韩建立宅

位于黟县宏村镇大同村万村组，建于清代。坐东朝西。开间9.6米，进深7.55米，占地面积72.5平方米。三开间带二厢有天井二层建筑。左厢侧耳门通厨房，照壁后上楼，木构配件及隔扇门窗制作水平较高，总体保存较好。

韩建明宅

位于黟县宏村镇大同村万村组，建于清代。坐北朝南，开间10.7米，进深12.3米，占地面积131.6平方米。三开间带厢廊上下厅中天井二层建筑。后檐墙门通厨房，右厢侧耳门通庭院，隔扇门窗和木雕构配件做工精细。

韩建仁、舒富金宅

位于黟县宏村镇大同村万村组，建于清代。坐西朝东。开间9.5米，进深7.65米，占地面积72.7平方米。三开间带二厢有天井二层建筑。左厢侧耳门通厨房，照壁后上楼，木构配件和隔扇门窗制作工艺较高，雕刻精美，保存完好。

韩金明等宅

位于黟县宏村镇大同村万村组，建于清代。坐北朝南，开间11.94米，进深19.04米，占地面积227.3平方米。二进三开间有门屋二天井带厢廊二层建筑。前厢耳门通外巷路，后左厢耳门通巷道，后右厢耳门通偏屋。青条石铺就阶沿及天井，木构配件及隔扇门窗制作工艺较高，保存相对完整。

韩菊媛等宅

位于黟县宏村镇塔川村西山组，建于清代。坐北朝南。开间8.75米，进深17.3米，占地面积157.4平方米。三进三开间二天井二层建筑。前檐正面为大门，后右厢廊设楼梯。房屋木构架、装修整体完整，木构配件制作精美。

韩良斌宅

位于黟县宏村镇屏山村，建于清代。坐西朝东。开间15米，进深8.2米，占地面积123.8平方米。五开间带二厢有天井有门楼二层建筑。照壁后上楼，后檐墙门通厨房。

韩龙英宅

位于黟县宏村镇大同村万村组，又名『善庆堂』，建于清代。坐北朝南。开间9.4米，进深7米，占地面积65.8平方米。三开间带二厢有天井二层建筑。左厢耳门通厨房，照壁后上楼，砖雕门楼保护较好。

韩秋芩宅

位于黟县宏村镇大同村万村组，建于清代。坐北朝南。开间12.3米，进深13.1米，占地面积161.1平方米。三开间上下厅中天井二厢二层建筑。左厢耳门通厨房，三合土斜方格地面破损严重，隔扇门窗及木构配件做工精细。

韩仁信宅

位于黟县洪星乡同川村奕村组，建于清代。坐东南朝西北。开间9.45米，进深8.2米，占地面积77.5平方米。三开间二厢有天井二层建筑。右厢前檐为入口，照壁后上楼。木构架、装修等较完整，构配件、隔扇门窗制作较好。

韩瑞英宅

位于黟县宏村镇宏村，建于清代。坐西朝东。占地面积66平方米，主体建筑通面阔9.2米，通进深7.2米。三开间二层建筑。

韩竖才、查银仁宅

位于黟县宏村镇大同村黄村口组，建于清代。坐北朝南，开间9.2米，进深11.5米，占地面积105.8平方米。三开间前后厅中天井带厢廊二层建筑。左厢耳门通外道路，右厢耳门通厨房，右厢上楼。

韩湘娥宅

位于黟县碧阳镇北街社区，建于清代。坐北朝南偏东。开间9.5米，进深10.85米，占地面积103.1平方米。三开间上下厅二厢有天井二层建筑。砖木结构，木构架承重。木构架、装修等较完整，构配件、隔扇、门楼等制作较好。

韩新生宅

位于黟县宏村镇宏村，建于清光绪年间。坐东朝西。建筑面积145平方米，主体通面阔10米，通进深7.8米。三开间二层建筑。

韩宜凤宅

位于黟县宏村镇宏村，建于清代。坐西朝东。占地面积101平方米，建筑面积142平方米，主体部分通面阔8.5米，通进深8.8米。三开间二层建筑。

韩颐生宅

位于黟县宏村镇塔川村协里组，建于清代。坐东北朝西南。开间9米，进深7.45米，占地面积67平方米。三开间前堂后厅有天井二层建筑。正面大门，照壁后上楼，左侧门通厨房。木构件及装修等较完整。

韩益男宅

位于黟县宏村镇际村官川组，建于清代。坐西朝东。开间8.34米，进深7.16米，占地面积59.7平方米。三开间二层建筑。大门偏北，右侧门通厨房，照壁后上楼。三合土地坪。

韩永红、李树清宅

位于黟县宏村镇雉山村卢村组，建于清初。坐西朝东。开间12.24米，进深15.07米，占地面积184.5平方米。二进五开间带二厢有天井二层建筑。右厢侧耳门通外为入口大门，左厢上楼可通后进。有芦苇墙装修，一板一枕木板装修及明代形制斗拱，三合土斜方格地面。

韩祖琦宅

位于黟县宏村镇汤蜀村查村组，建于清代。坐东北朝西南。开间9.26米，进深7.65米，占地面积70.8平方米。二进三开间带二厢有天井二层建筑。右厢侧耳门通厨房。

翰林院后进

位于屯溪区新潭镇长林村双忠组，建于清代。占地面积127.87平方米。坐东北朝西南。三开间显厅二阁厢砖木结构二层建筑。两庑厢房，上堂前檐设双步梁，楼城装修较好，两厢有天花，檐口有望板。楼下地坪大方砖斜铺。

何伴旦宅

位于祁门县祁山镇西街社区坑下17-1号。坐北朝南，通面阔9.6米，通进深7.8米，占地面积75平方米。三开间徽派砖木结构二层建筑。大门朝西开设，前设天井采光通风，屋内木雕特色一般，青石、木地板铺设地面。

何春棋宅

位于歙县昌溪乡昌溪村红旗庙下店自然村，建于清代。坐北朝南，一进三开间。主宅通面阔8.7米，通进深11.4米，占地面积99.2平方米。厅内木雕较精细。除正厅外厢房各四间，天井两边有边厢。

何光辉等宅

位于歙县富堨镇青山村上郝自然村，建于清代。坐东朝西，二进三开间。通面阔14.75米，通进深9.3米，占地面积137.2平方米。有楼，下堂有厢房，有砖雕门楼。

何继华等宅

位于黄山区仙源镇龙山村平阳组，建于晚清。占地面积180平方米。二进三开间，高约5米。木架结构穿斗式，水门汀地面，平铺式天井，天棚望砖。

何家驹宅

位于黟县宏村镇龙江村下轴组，建于清末。坐西朝东。开间9.15米，进深10.7米，占地面积97.9平方米。三开间上下厅带二厢中天井二层建筑。右厢侧为入口大门，照壁后上楼。

何建平等宅

位于黟县碧阳镇碧山村碧东组，建于清末。坐西朝东，开间10.2米，进深18.55米，占地面积189.2平方米。二进三开间二天井二层建筑。照壁后上楼，天井地坪石保存完好，木构件雕刻较精美。

何建中宅

位于黟县碧阳镇碧山村碧东组，建于清代。坐北朝南。开间8.6米，进深7.85米，占地面积67.5平方米。三开间带二厢有天井二层建筑。直铺木地板，有阁楼。

何健宅

位于黄山区耿城镇沟村共兴组河边水泥路北侧，建于清代。高约6米，一进五开间，硬山式。占地面积138.92平方米。有一块『奉直大夫』匾额。木架结构穿斗式。有偷柱，水门汀地面，地沟式天井，木板壁，天棚望砖，卷棚处有双狮戏球月梁，天井处有斜撑6个。

何景华、江惠云宅

位于黟县宏村镇龙江村下轴组，建于清代。坐北朝南。开间10.2米，进深16.45米，占地面积166.1平方米。三开间前后厅有天井带二厢二层建筑。照壁后上楼，前左侧门通厨房，后左侧门通后厨房。三合土地坪，木构架、装修较完整，制作较好。

何来根等宅

位于甘棠镇甘棠村东站组，建于清代。占地面积349.35平方米。二进五开间民宅。硬山式，水门汀地面，内壁为青泥花墙。木架结构穿斗式。中有一天井，柱为白果木，梁多为松木，顶有卷棚望砖，上有月梁1对，斜撑4个。

何明根、江家荣宅

位于黟县宏村镇龙江村蓬厦组，建于清代。坐东北朝西南，入口大门朝东南。开间9.2米，进深10.6米，占地面积97.5平方米，三开间（厅堂式）带二厢中天井二层建筑，右厢侧门通厨房，左厢侧门为入口。隔扇等制作精致。

何明泉等宅

位于歙县徽城镇就田村，建于清代。坐南朝北，二进三开间。通面阔15.35米，通进深11.5米，占地面积约176平方米。两宅。东宅为厨房，砖木结构二层建筑，格子门窗，天井较长，红石青砖门楼。

何青竹宅

位于歙县富堨镇青山村产川组，建于清代。坐东朝西。一进三开间砖木结构二层建筑。通面阔8.45米，通进深7.8米，占地面积65.9平方米。

何秋萍宅

位于婺源县大鄣山乡菊径村，建于清代。占地面积120平方米。前有高大石库院门，门前小院占地面积约20平方米，修有花台。房屋为前后两进，前后都有浅坑天井。正门为石库门，门额有精美砖雕装饰。屋内梁枋、门扇、护净均有精美木雕。2005年被列为婺源县重点文物保护单位。

何荣华宅

位于婺源县大鄣山乡菊径村，建于清代。占地面积104平方米。坐东北朝西南，砖木结构二层建筑。由前厅、后堂组成，前厅青石铺地，浅天井，门罩、梁枋均有三雕装饰。令人称奇的是，堂前正厅地面有块长2米、宽2米的团圆石。2005年被列为婺源县重点文物保护单位。

何如德等宅

位于歙县富堨镇青山村乔中组，建于清代。坐北朝南，一进三开间。通面阔10.5米，通进深10.9米，占地面积114.5平方米。有楼。下堂有厢房，天井两侧有廊，雕花屏门装隔。梁柁雕花完整。

何瑞生等宅

位于黟县宏村镇龙江村下轴组，建于清代。坐北朝南。开间10米，进深12.95米，占地面积129.5平方米。三开间前后厅带二厢中天井二层建筑。前檐为入口大门，左厢侧门通厨房，照壁后上楼。

何顺爱宅

位于黟县宏村镇龙江村下轴组，建于清末。坐北朝南，开间9.25米，进深7.43米，占地面积68.5平方米。三开间带二厢有天井二层建筑。左厢侧门为入口，右厢侧门通厨房，照壁后上楼。

何松海宅

位于黟县宏村镇龙江村下轴组，建于清代。坐北朝南。开间9.06米，进深5.65米，占地面积51.2平方米。三开间带二厢二层建筑。左厢侧门为入口大门，右厢侧门通厨房，照壁后上楼。木构架、装修等保存较完整。

何应贤宅

位于歙县徽城镇渔梁街，建于清末。坐南朝北。通面阔6.54米，通进深11米，占地面积72平方米。木质土墙构造，双层结构。玻璃格子门窗，圆柱方墩支撑。

何玉林宅

位于黟县宏村镇龙江村上轴组，建于清代。坐北朝南。开间10.3米，进深15.15米，占地面积156平方米。三开间前后厅二层建筑。正面为入口大门，后檐墙门通厨房，照壁后上楼。三合土地坪。房屋构架整体完整，门楼较好。

何钊宅

位于黟县碧阳镇碧山村碧东组，建于清末。坐北朝南，通面阔8.35米，通进深7.6米，占地面积63.5平方米。一进三开间一天井二层建筑。木构架保存尚好。

何振宝宅

位于歙县郑村镇棠樾村，建于明初。坐南朝北，平面呈『田』字形，俗称『官升格』。通面阔6米，通进深8.6米，占地面积51.3平方米。东北间为门厅，西北间为住房，东南间为厨房，有楼梯通楼上。底层较矮，额枋月梁形，两端有丁头拱，上架密搁栅，承楼板。楼上隔断有芦苇墙、一板一枕等样式，梁架穿斗式。瓜柱有明代特有的鹰嘴榫样式。2013年被列为全国重点文物保护单位。

何振勤宅

位于黟县宏村镇龙江村下轴组，建于清末。坐北朝南，开间9.95米，进深18.97米，占地面积188.8平方米。三开间前后厅带门屋二厢二廊二层建筑。后厅照壁后上楼。三合土地坪。木构架、装修等较完整，木构配件、隔扇等制作精致。

何志源等宅

位于黟县宏村镇龙江村下轴组，建于清代。坐北朝南。开间8.8米，进深17.05米，占地面积151.7平方米。三开间前后厅带四厢前二后三层建筑。前左厢侧耳门为入口大门，后右厢侧耳门设楼梯上楼。三合土地坪。木构架、装修整体保存较完整，木构配件、隔扇等制作较好。

和乐堂

位于歙县徽城镇鲍川村方家自然村，又名『进士第』，建于明末。坐西南朝东北。五开间砖木结构建筑。占地面积233.7平方米。大门内为庭院，中进为楼屋，明、次间为厅堂，左右梢间前部设楼梯，后部为厢房。内装修较精美。

和义堂

位于歙县郑村镇郑村，始建于清乾隆五十五年（1790），嘉庆五年（1800）建成。坐北朝南略偏东，砖木结构二层建筑。通面阔33.8米，通进深42米，占地面积1436.5平方米。从西到东分为两大列，每列分前、中、后多进，布局合理，无一雷同。大门石雕刻已遭破坏。木雕有梁柁。2012年被列为安徽省重点文物保护单位。

贺善敬宅

位于歙县新溪口乡太平村，建于清代。坐西朝东。一进三开间，有楼。通面阔9.4米，通进深11.3米，占地面积106平方米。大门有门楼，门楼有砖雕，保存较完整。内部斜撑、隔扇、窗栏等构件有雕刻。

恒德堂

位于歙县杞梓里镇小源村，建于清代中期。坐东朝西。三进三开间二天井砖木结构二层建筑。通面阔8.4米，通进深20.55米，占地面积172.6平方米。有左、右边门。方氏支祠。有门楼，砖、木雕一般。

恒兴客馆

位于婺源县赋春镇上严田村，建于清代。占地面积180平方米，为一位茶商所建，是老徽州现存古建客馆中最为精美大气的客馆。内部木雕十分繁复而精美，可谓上严田村传统建筑木雕装饰之最，十余名工匠耗时五年雕刻而成。2005年被列为婺源县重点文物保护单位。

恒豫堂

位于歙县霞坑镇联丰村石坎自然村，建于清代。坐北朝南。二进三开间，有楼。通面阔9.3米，通进深12米，占地面积112平方米。前进有厢房，天井两侧有走廊，后进为统间，楼栏外挑花格栏杆。砖木石雕刻较精细。

洪安明宅

位于歙县徽城镇鲍川村鲍家庄，建于清代。坐北朝南。一进三开间砖木结构二层建筑。通面阔5.7米，通进深4.4米，占地面积25.1平方米。

洪安顺宅

位于黄山区仙源镇龙山村车站组，建于清末。占地面积160平方米。二进三开间民宅。门向东，西有倚屋，高约5.5米。木架结构穿斗式。斜方络纹水门汀地面。地沟式天井，白灰砖墙，天棚望砖，有卷棚。

洪宝德等宅

位于歙县三阳镇三阳村，建于清代。通面阔13.2米，通进深6.2米，占地面积81.84平方米。原为偏厅，前进为三开间，内有两个拱门，有木雕。

洪宝德宅

位于歙县三阳镇茬头村，建于清代。坐东北朝西南，一进三开间楼房。通面阔10.45米，通进深6.9米，占地面积72平方米。内部窗栏、挂落等构件有雕刻。

洪宝荣宅

位于歙县三阳镇三阳村洪氏宗祠东，建于清代。一进三开间三层建筑。通面阔5.85米，通进深8.45米，占地面积49.4平方米。前正堂，照壁后楼梯，后房间。有木雕窗花(梅兰竹菊)隔断。

洪宝倬宅

位于歙县三阳镇三阳村351号，建于清末。坐西南朝东北。三进三开间楼房。通面阔6.35米，通进深14.95米，占地面积94.9平方米。门楼有简易砖雕，内部斜撑、雀替等构件有雕刻。

洪本树宅

位于歙县北岸镇显村，建于清代。坐北朝南，二进三开间。通面阔9.2米，通进深8.7米，占地面积80.04平方米。门楼有部分砖雕，内部有少量木雕。

洪标宅

位于歙县三阳镇中村，建于清代。一进三开间二层建筑。通面阔7.4米，通进深8.55米，占地面积63.3平方米。门前有院。

洪宾等宅

位于歙县三阳镇叶村，建于清代。二进三开间二层建筑。通面阔9米，通进深18.82米，占地面积169.38平方米。有砖雕门楼，砖雕窗沿，木雕梁枕。

洪彩凤宅

位于徽州区岩寺镇洪坑村，建于清代。坐西北朝东南。一进五开间二阁厢二层建筑。正屋五间，明间厅，两次间、梢间辟四间房。楼上五间二厢，四房一厅，屋面全部铺望板。

洪昌江等宅

位于歙县徽城镇问政村，建于清代。坐北朝南。通面阔10.6米，通进深6.23米，占地面积34平方米。砖木结构二层建筑。

洪昌龙宅

位于歙县徽城镇问政村，建于清代。坐北朝南。通面阔9.85米，通进深9.5米，占地面积94平方米。砖木结构二层建筑。

洪承栋宅

位于徽州区岩寺镇洪坑村五组，建于清代。坐北朝南，建筑面积876.72平方米。三进三开间二层建筑。门前花园，石笋，假山名木。进门有两道屏门，前进为上下对堂，下堂明间厅过道，屏门后小厅，两次间木板装房，红石板铺地。楼上走马楼。2008年被列为黄山市重点文物保护单位。

洪春录宅

位于歙县三阳镇英川村，建于清代。坐西北朝东南，二进三开间楼房。通面阔10.35米，通进深12.6米，占地面积130.4平方米。大门有门楼，门楼有砖雕，内部有木雕狮子4个，有雕花窗。

洪大来宅

位于休宁县陈霞乡回溪行政村村中央，建于清代。占地面积57.89平方米。一进三开间。楼上厅，二楼有美人靠，隔间用芦苇石灰墙，楼下青石板铺地。柱础为木质，大门用铁皮包裹。

洪大门等宅

位于歙县三阳镇小岫村，建于清代。一进三开间二层建筑。通面阔9米，通进深5.1米，占地面积45.9平方米。

洪道海等宅

位于歙县三阳镇小岫村，建于清末。一进三开间二层建筑。通面阔8.2米，通进深8米，占地面积65.6平方米。

洪道海等宅

位于歙县三阳镇叶村，建于清代。坐南朝北，一进三开间砖木结构二层建筑。通面阔7.86米，通进深4米，占地面积31.44平方米。西为正堂，东为厢房。

洪道生宅

位于歙县三阳镇叶村，建于清代。二进三开间二层建筑。通面阔4.35米，通进深18.93米，占地面积82平方米。有墙至门楼，后厢房。

洪德恒宅

位于歙县雄村镇卖花渔村，建于清代。坐北朝南。二进三开间二层建筑。通面阔9.45米，通进深12.95米，占地面积122.3平方米。大门有砖雕门楼，有格子窗、石鼓、斜撑。

洪定伟等宅

位于歙县三阳镇三阳村，建于清初。二进三开间一明堂二层建筑。通面阔9.6米，通进深10.5米，占地面积100.8平方米。有木雕。

洪冬九宅

位于休宁县万安镇轮车村上轮车组村中央、休宁中学西南方300米处，建于清代。占地面积76平方米。坐北朝南，为四合形制，大门开在中轴线上。青石大门，门楼砖雕狮、鹤及其他瑞兽图案，柱础为红砂岩方形，楼下隔扇窗雕饰『八宝』图案，所有雕刻均描金。地袱石透气孔雕刻花卉、八宝图案。

洪法林等宅

位于歙县三阳镇中村，建于清代。二进三开间一明堂二层建筑。通面阔6.4米，通进深10.5米，占地面积67.2平方米。有木雕梁柁。

洪芳定宅

位于歙县三阳镇叶村，建于清初。坐北朝南。一进三开间二层建筑。通面阔4.1米，通进深9.25米，占地面积38平方米。

洪淦录等宅

位于歙县三阳镇高山村外高山自然村，建于清代。二进三开间一明堂。通面阔9.3米，通进深12.6米，占地面积117.18平方米。有砖雕门楼，木雕梁柁。暗三层，二层走廊有护栏、美人靠。木雕精美，窗格精细。

洪淦年等宅

位于歙县三阳镇上坦村，建于清代。坐东北朝西南，二进三开间楼房。通面阔9.4米，通进深10.7米，占地面积101平方米。

洪淦平等宅

位于歙县三阳镇上坦村，建于清代。坐西北朝东南，二进三开间楼房。通面阔8.95米，通进深12.25米，占地面积109.36平方米。大门有简易门楼。内部无雕刻。

洪淦生等宅

位于歙县三阳镇上坦村，建于清代。坐东北朝西南。二进三开间楼房。通面阔8.6米，通进深10.8米，占地面积93平方米。大门有简易门楼，门楼有砖雕。内部无雕刻。

洪鸽英等宅

位于歙县北岸镇显村，建于清代。坐北朝南，二进三开间。通面阔9.65米，通进深9.7米，占地面积93.61平方米。内有少量木雕。

洪观果等宅

位于歙县三阳镇叶村，建于清代。一进三开间二层建筑。通面阔8.2米，通进深6.6米，占地面积54.12平方米。四开门，有木雕窗，照壁雕刻窗花。

洪观恒、洪观有宅

位于歙县三阳镇茬头村，建于清代。坐东北朝西南，一进三开间楼房。通面阔8米，通进深6.9米，占地面积55.2平方米。内部斜撑等构件有雕刻。

洪观金宅

位于歙县三阳镇金石村，建于清代。为兄弟两家同院并排的两栋，坐西北朝东南，皆为二进三开间楼房。通面阔18.2米，通进深17.4米，占地面积298.4平方米。前有小院，大门有门楼，门楼有砖雕。

洪观顺宅

位于歙县三阳镇金石村270号、271号，建于清代。坐西北朝东南。二进三开间楼房。通面阔9.35米，通进深12米，占地面积112.8平方米。大门有门楼，门楼有砖雕，砖雕精细。内部有屏风、木雕花窗，前有小院。

洪观腾宅

位于歙县三阳镇中村，建于清代。坐南朝北。二进三开间楼房。通面阔9.2米，通进深13.5米，占地面积124平方米。大门有砖雕门楼，内部有木雕狮子。

洪观源宅

位于歙县三阳镇金石村，建于清代。坐西北朝东南。有院子，旁门进。二进三开间楼房。通面阔9.06米，通进深12.31米，占地面积111.5平方米。附属房三间，面阔8.5米，进深4.8米，位于院子南面。院子形状不规则。

洪观正等宅

位于歙县北岸镇显村，建于清代。坐北朝南，二进三开间。通面阔7.2米，通进深10.95米，占地面积78.84平方米。门楼有砖雕，较精美，内有部分木雕。

洪光华等宅

位于歙县杞梓里镇西村，建于清道光年间，民国时期重修。坐北朝南，二进三开间砖木结构建筑。通面阔10米，通进深8.6米，占地面积86平方米。雕梁画栋，麻石门框，砖雕门楼。

洪光明等宅

位于歙县三阳镇三阳村，建于清末。通面阔前8.4米、后10.96米，通进深6米，占地面积65.8平方米。『双推刨』式。

洪广等宅

位于歙县三阳镇叶村202号，建于清末。一进三开间二层建筑。通面阔8.63米，通进深8.8米，占地面积76平方米。内有木雕窗，旁有拱门巷入院。

洪广树等宅

位于歙县三阳镇慈坑村，建于清代。坐西北朝东南，二进三开间楼房。通面阔10米，通进深12.6米，占地面积126平方米。无砖木雕刻。

洪桂寿宅

位于歙县三阳镇竹铺村，建于清代。坐西南朝东北，一进三开间。通面阔8.7米，通进深8.5米。有楼。大门现封闭走侧门。有门楼。雀替、斜撑、梁枕、窗栏等构件有雕刻，较精美。

洪国强宅

位于黟县宏村镇龙江村北庄组，建于清末。坐西朝东。开间9.2米，进深7.3米，占地面积67.2平方米。三开间二层建筑。照壁后上楼。三合土地坪。木构架、装修保存较完整。

洪国瑞宅

位于祁门县凫峰乡凫坑村土坑组。坐东北朝西南，一进三开间徽派砖木结构二层建筑。通面阔8.6米，通进深10.3米，占地面积89平方米。砖制门罩，前设天井采光通风，屋内斜撑、雀替等雕刻精美，石刻有动物图案，青石板铺设地面。

洪海六宅

位于歙县雄村镇雄村山斗组，建于清代。坐西朝东，二进三开间二层建筑。通面阔 10.75 米，通进深 13 米，占地面积 139.75 平方米。大门有砖雕门楼，门前有一面照壁。厅堂有格子窗，有斜撑，有方形石柱础。有一个天井。

洪海震等宅

位于歙县杞梓里镇西村，建于清同治末年。坐西朝东，三进三开间砖木结构二层建筑。占地面积 102.5 平方米。边厢上楼，中有天井，麻石质门框，砖雕门楼。

洪华辉宅

位于绩溪县伏岭镇石川村145号，建于清代晚期。坐东南朝西北，占地面积90平方米。一进三开间二层建筑。东西厢房，前檐设一天井，撑拱承挑出檐，抬梁穿斗并用式梁架。三合土地坪。外围封火墙，室内的斜撑、挂落、隔扇雕刻精美。

洪济如等宅

位于歙县三阳镇叶村街口，建于清末。一进三开间二层建筑。通面阔7.16米，通进深9.81米，占地面积70平方米。

洪继光宅

位于歙县雄村镇山下村叶玕组，建于清嘉庆九年（1804）。坐东朝西，二进三开间三层建筑。通面阔9.7米，通进深12.3米，占地面积119.31平方米。前厅已拆，主体结构完整。有格子窗、格子门。保存有建造时用工、用物、经费、用料等原始账单。

洪加榜宅

位于徽州区岩寺镇洪坑村十一组，建于清代。坐西北朝东南，三开间建筑面积117.6平方米。上下对堂一层平房，下堂三间，明间厅，两次间。上堂三间加两边一小夹弄。楼上房间向天井四开格子门，屋面装双顶，下顶装望砖，上顶盖瓦，檐口望砖。

洪佳景等宅

位于歙县三阳镇中村，建于清代。通面阔7米，通进深18.1米，占地面积126.7平方米。有木结构门楼，进门为正堂(二层)，内有后院，院中有附属房。

洪家大屋

位于祁门县东街社区敦仁里，建于清代。现存四组建筑，门牌编号分别为敦仁里8号、10号、12号、16号。东邻右横街，南邻敦仁里巷道，西邻中心路，北邻谭家大院。主体建筑坐北朝南，二进砖木结构二层建筑。总占地面积405.15平方米，为典型的徽派建筑。曾国藩曾率领湘军在此驻扎。2013年被列为全国重点文物保护单位。

洪家福宅

位于歙县三阳镇金石村，建于清代。坐西北朝东南，二进三开间楼房。通面阔11米，通进深15米，占地面积165平方米。两侧上楼，有屏风，大门有门楼，门楼有砖雕，砖雕较精致。内无木雕，外墙顶有墙画。

洪家善宅

位于歙县三阳镇金石村，建于清代。坐西北朝东南，二进三开间楼房。通面阔9.3米，通进深13.2米，占地面积123平方米。大门有门楼，门楼有砖雕，内部斜撑等构件有雕刻。

洪家树宅

位于歙县三阳镇金石村，建于清代。坐东北朝西南，三进三开间楼房。通面阔9.88米，通进深17.96米，占地面积177.4平方米。有32间房，有门楼画。木雕花窗。中进暗三层，后进暗四层。

洪建国宅

位于歙县三阳镇三阳村，建于清代。一进三开间一明堂二层建筑。通面阔8.6米，通进深7.7米，占地面积66.22平方米。

洪金宝等宅

位于歙县三阳镇中村，建于清代中后期。二进三开间一明堂二层建筑。通面阔7.7米，通进深9.4米，占地面积72.4平方米。

洪金辉等宅

位于歙县三阳镇高峰村荷花形自然村，建于清代。坐东北朝西南，一进三开间三层建筑。通面阔8.45米，通进深9.1米，占地面积76.9平方米。有门楼，梁柁有木雕。

洪金伙宅

位于歙县三阳镇中村，建于清末。二进三开间一明堂二层建筑。通面阔5.8米，通进深9.65米，占地面积56平方米。有砖雕门楼，木雕梁枕。存有木雕狮。

洪金明宅

位于歙县三阳镇中村，建于清代。一进一明堂。通面阔8.1米，通进深8.45米，占地面积68.45平方米。相传为招待王茂荫所建，王茂荫之三夫人由此户出嫁。明堂进倒塌，后进基本保存完好。东侧太平天国时被焚毁。有砖雕门楼，目前保存尚好。

洪金钱宅

位于歙县三阳镇中村，建于清末。二进三开间一明堂。通面阔7.8米，通进深9.4米，占地面积73.3平方米。门楼有砖雕，有木雕梁柁。

洪金声宅

位于歙县雄村镇雄村山斗组，建于清代。坐北朝南，一进三开间二层建筑。通面阔10米，通进深7.5米，占地面积75平方米。一层楼门面为砖墙结构。二层楼为木结构。有格子窗、方形石柱础。

洪金树等宅

位于歙县三阳镇叶村，建于清末。二进三开间一明堂二层建筑。通面阔9米，通进深11.18米，占地面积100.62平方米。有小院，木雕精美，四狮完整。原院中附属房已改建。

洪金珠等宅

位于徽州区潜口镇澄塘村东边，建于清代。建筑面积515.62平方米。前进上下两对堂，上堂房间四开扇，楼上三间。后进上下两对堂，门后为厅，两次间为房，上堂三间，前檐一根通梁，上饰倒爬狮，双步梁及前檐设拱轩顶。

洪进宝宅

位于歙县雄村镇富岱村一组，建于清代。坐西朝东，一进三开间二层建筑。通面阔9.6米，通进深7.9米，占地面积75.84平方米。有板门，原有格子窗，有方形石柱础。有简易斜撑，一个天井。

洪敬秋宅

位于歙县三阳镇三阳村，建于清乾隆年间。一进三开间一明堂二层建筑。通面阔5.8米，通进深7.1米，占地面积41.18平方米。

洪楷长等宅

位于歙县三阳镇三阳村，建于清末。一进三开间二层建筑。通面阔8.36米，通进深10.4米，占地面积86.94平方米。有砖雕门楼。正屋后厨房倒塌严重。

洪楷水等宅

位于歙县三阳镇中村，建于清代。坐北朝南，二进三开间二明堂二层建筑。通面阔7.5米，通进深14.6米，占地面积109.5平方米。有木雕梁柁。前进已改建。

洪康远宅

位于歙县溪头镇溪头村，建于清代。坐东南朝西北，二进三开间楼房。通面阔5.1米，通进深13米，建筑面积66.3平方米。大门有简易门楼，天井上正梁柱为四方形。内部有简单雕刻。

洪坤茂等宅

位于歙县三阳镇叶村村头，洪氏宗祠西斜对面，建于清代。一进三开间。通面阔5.9米，通进深10.3米，占地面积60.77平方米。

洪来富等宅

位于歙县三阳镇高峰村荷花形自然村，建于清代。坐西南朝东北，二进三开间一明堂。通面阔8.5米，通进深13.1米，占地面积111.35平方米。有门楼，有墙画。

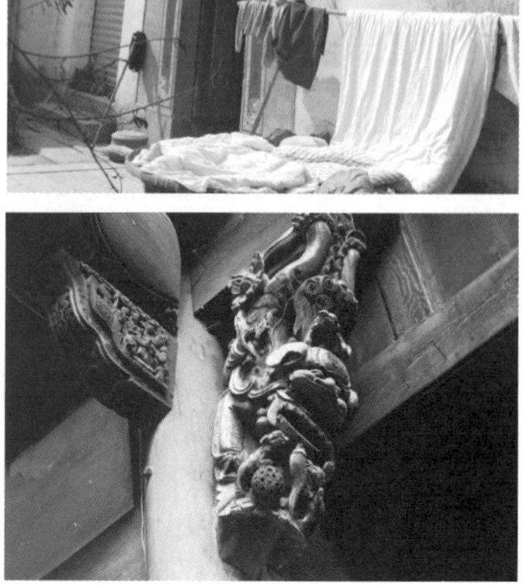

洪来生宅

位于绩溪县长安镇坦头村，建于清代后期。坐东朝西。占地面积187.5平方米。上下对堂，二楼通转，中置天井，东、西厢房，大门设在东山墙。抬梁穿斗并用式梁架。室内的斜撑、雀替雕刻非常精美，二楼有矮窗装饰。整栋建筑保存完整。

洪来寿宅

位于歙县三阳镇金石村446号、450号，建于清代。坐西北朝东南，二进三开间楼房。通面阔10.1米，通进深11.65米，占地面积117平方米。大门有简易门楼，其上有石雕虎头，内部梁架简单，无雕刻。

洪兰花宅

位于歙县雄村镇朱村第五组，建于清代。坐北朝南，二开间楼房。通面阔9.55米，通进深6.39米。店面屋，大门板门。

洪乐伍等宅

位于歙县三阳镇三阳村，建于清代。三进三开间二明堂二层建筑。通面阔10.5米，通进深14.25米，占地面积149.6平方米。有砖雕门楼，有木雕。

洪丽娟宅

位于歙县雄村镇雄村山斗组，建于清末。坐南朝北，一进三开间二层建筑。通面阔9.1米，通进深8.75米，占地面积79.6平方米。大门一层门面为砖墙结构，二层门面为木结构。无门楼，无砖雕。

洪丽娟宅

位于歙县许村镇塔山村塔山四组，建于清代。坐北朝南，一进三开间二厢房楼房。通面阔9.8米，通进深6.2米，占地面积60.76平方米。有天井和梁撑，格子门拆下存放。雕刻简单。

洪丽绮宅

位于徽州区岩寺镇下街居委会联丰组，建于清代。坐北朝南，建筑面积103.4平方米。一进三开间三合院二层建筑。进门即天井，两庑装阁厢，有屏门隔断。上堂三间二楼，明间为厅，两次间为房，明间柱头装倒爬狮。楼上亦为三间两阁厢。

洪林生等宅

位于歙县三阳镇三阳村老街，建于清代。三进三开间二明堂。通面阔8.45米，通进深24米，占地面积202.8平方米。第一、第二进为两层，第三进为三层。有砖雕门楼。

洪流宅

位于黄山区三口镇巷联村洪家组，建于清末。二进三开间。高约5.5米，占地面积155.86平方米。木架结构穿斗式。水门汀地面，平铺式天井，白灰墙，天棚望砖。

洪六顺宅

位于歙县三阳镇中村，建于清代。坐北朝南，二进三开间楼房。通面阔9.5米，通进深11.7米，占地面积111平方米。大门有木雕门楼，旁边为葫芦形花窗，有简易砖雕。内部斜撑、雀替、窗栏等有雕刻。

洪茂林宅

位于徽州区岩寺镇洪坑村，建于清代。建筑面积92.55平方米。三间头，两廊早年已毁，只存中进，存有一砖砌门罩。墙体亦改朝北向开边门。厅堂地面铺红麻石，横风窗，厢房四隔扇，屋面铺望板。

洪茂有等宅

位于歙县三阳镇高峰村荷花形自然村，建于清代。坐东朝西，二进三开间一明堂二层建筑。通面阔9.55米，通进深13.05米，占地面积124.6平方米。正面门楼上部倒塌，门楼有墙画，屋墙角有墙角画，有木雕梁柁。

洪乃飞宅

位于歙县郑村镇堨田村五组，建于清末。坐北朝南，二进三开间。通面阔8.4米，通进深13米，占地面积109.2平方米。大门红石立柱，有简易门罩。厅堂内有格子门和格子窗，天井用石头铺成，梁撑、雀替有木雕。

洪南平宅

位于徽州区岩寺镇洪坑村，建于清代。坐西北朝东南，建筑面积345.6平方米。上下对堂二层建筑。大门开在正面居中，有砖雕外门罩。门厅两次间装房。上堂三间，明间为厅，两次间为房。楼上走马楼，三间分割。

洪鹏祖宅

位于歙县三阳镇中村，建于清末。坐南朝北，一进三开间二层建筑。通面阔9米，通进深11.4米，占地面积102.6平方米。有小院，小院旁侧开门。

洪其钧等宅

位于歙县三阳镇高山村外高山自然村，建于清末。二进三开间一明堂三层建筑。通面阔6.05米，通进深15.03米，占地面积90.93平方米。有门楼、砖雕、木雕。

洪谦故居

位于歙县三阳镇三阳村370号，建于清末。坐西南朝东北，通面阔41.2米，通进深15米，占地面积618平方米。主房三进三开间。前进两旁2间暗房，三进2间房，二层8间房，3层2间房。正堂左侧有正道直通。东有小厅堂及厢房2间，大厢房1间。后有后院。大门有门楼，门楼有精美砖雕。内部有雀替、窗栏等构件，有雕刻。

洪清泉等宅

位于歙县徽城镇问政村，建于清代。坐北朝南，一进三开间砖木结构二层建筑。通面阔9.85米，通进深7.8米，占地面积78平方米。有小冬瓜梁，木雕格子门。大门有砖雕门楼。

洪泉水等宅

位于歙县三阳镇高峰村荷花形自然村，建于清末。坐南朝北，一进三开间二层建筑。通面阔7米，通进深8.65米，占地面积60.55平方米。正堂旁有偏楼。

洪仁俭宅

位于歙县北岸镇显村，建于清代。坐北朝南，二进三开间。有前后两进。前进面阔8.8米，进深5.8米，占地面积51.04平方米；后进面阔4.45米，进深2.5米，占地面积11.13平方米。门楼无砖雕，内有诸多木雕，较精美。

洪善安等宅

位于歙县三阳镇英川村，建于清代。坐北朝南，二进三开间楼房。通面阔10米，通进深13米，占地面积130平方米。门楼有精美砖雕，内部斜撑、雀替等构件雕刻有花草、狮子等图案。

洪善斌等宅

位于歙县三阳镇三阳村，建于清代。二进三开间。通面阔 19.45 米，通进深 10.65 米，占地面积 207.14 平方米。有两个厨房，一个院子。

洪善国宅

位于歙县三阳镇英川村，建于清代。坐东北朝西南，二进三开间楼房。通面阔 9.4 米，通进深 12.7 米，占地面积 119.4 平方米。大门有门楼，门楼砖雕被破坏，内部有木雕梁柁、花窗。

洪善健等宅

位于歙县三阳镇三阳村，建于清代。一进三开间二层建筑。通面阔8.2米，通进深12.3米，占地面积100.86平方米。有精美砖雕、木雕。

洪善路宅

位于歙县三阳镇三阳村老街，建于清代。通面阔13.51米，通进深5.14米，占地面积169.44平方米。入门店堂，店堂后东西向三开间，有天井，二层楼。

洪绍龙等宅

位于歙县三阳镇英川村，建于清嘉庆年间。坐东北朝西南，二进三开间二层建筑。通面阔9.7米，通进深13.85米，占地面积134平方米。木雕花窗，砖雕门楼。门楼上有石碑，刻有『柏操抚字』四个大字，碑头刻小字『程氏清漂洪门义妻』，碑尾刻『嘉庆丙子桂月喜旦』等字。

洪社来等宅

位于歙县三阳镇三阳村（后靠山），建于清代。二进三开间一明堂二层建筑。通面阔10.6米，通进深15.3米，占地面积162.8平方米。有砖雕门楼、木雕窗、院子。

洪胜华宅

位于歙县三阳镇三阳村，建于清末。通面阔7.15米，通进深4.2米，占地面积30平方米。二层建筑。有门楼，二层，旁上楼。

洪士斋宅

位于歙县三阳镇竹铺村，建于清代。二进三开间一明堂三层建筑。通面阔8.68米，通进深9.7米，占地面积84.2平方米。明堂一侧开大门。

洪世怡宅

位于徽州区岩寺镇洪坑村33号，堂名为『慎余堂』，建于清代。建筑面积253.4平方米。二进三开间三层建筑。二层有楼廊，三层通间无装修。前进居中开大门，三间为过厅。中进三间设腰檐，施扁作梁，如意梁柁，云龙雀替。二层楼梯上设阳台，有短栏杆。

洪树根等宅

位于歙县三阳镇中村，建于清末。一进三开间一天井二层建筑。通面阔6.04米，通进深9.85米，占地面积约60平方米。有砖雕门楼，木雕梁柁。

洪顺福宅

位于祁门县凫峰乡凫坑村土坑组。坐东朝西，一进三开间徽派砖木结构二层建筑。砖雕门罩。原设前天井采光通风，现已搭建明棚。屋内斜撑、隔扇等雕刻精致，局部有破损。通面阔10.3米，通进深10.6米，占地面积109平方米。

洪顺谷宅

位于祁门县凫峰乡凫坑村土坑组。坐东朝西，一进三开间徽派砖木结构二层建筑。通面阔14.3米，通进深8.6米，占地面积123平方米。设边门，前设天井采光通风。屋内斜撑等木雕保存较好，全青石板铺设地面。

洪顺果等宅

位于歙县三阳镇三阳村，建于清代。二进三开间二明堂二层建筑。正屋通面阔9.3米，通进深15.15米，占地面积140.9平方米。附属房通面阔4.3米，通进深16.15米，占地面积69.45平方米。有砖雕门楼，木雕窗格。右侧厨房有两明堂。

洪顺寿等宅

位于歙县三阳镇英川村，建于清末。坐西北朝东南，二进三开间砖木结构二层建筑。通面阔9.85米，通进深13.25米，占地面积131平方米。木梁柁有雕刻，有简易门楼。

洪松贵宅

位于黟县宏村镇龙江村颍川组，建于清末。坐东北朝西南。开间9.2米，进深7.3米，占地面积67.2平方米。三开间二层建筑。有天井，后檐墙有门通厨房，照壁后上楼。

洪松茂宅

位于婺源县清华镇洪村。屋基为不规则的六边形。占地面积约160平方米。正堂所对天井下前厅墙壁上，嵌着一幅圆形大砖雕『教子图』。正堂上方厢壁的纹饰为冰裂纹。天井两边的花枋上雕有『福、禄、寿、禧』字样和琴棋书画等。2005年被列为婺源县重点文物保护单位。

洪桃宅

位于歙县三阳镇三阳村，建于清末。一进三开间一天井二层建筑。通面阔4.4米，通进深12.5米，占地面积55平方米。大门入口有屏风，屏风后有天井，正堂照壁后上楼。有旁门。有砖雕门楼。

洪讨饭、洪建华宅

位于徽州区西溪南镇东红村西山一组，建于清代。坐北朝南，建筑面积413.6平方米。三进三开间二层建筑。前进原为店面。中进三间，明间为厅，两次间为房。后进三间，明间为厅，两次间为房。楼上有格子门，屋面无望。已拆除重建。

洪铁流宅

位于黄山区汤口镇岗村4组，建于清代。二进三开间。占地面积99平方米，高约6.5米。前脸马鞍形，跑马楼结构，木架结构穿斗式。水门汀地面，梁多为方梁。

洪亭仙宅

位于歙县徽城镇渔梁街，建于清代。坐西朝东，二进三开间砖木结构。通面阔9.4米，通进深10.3米，占地面积96平方米。

洪万里等宅

位于歙县三阳镇三阳村半岭自然村。一号宅建于民国时期。一进三开间二层建筑。通面阔10米，通进深4.75米，占地面积47.5平方米。面临河，背靠山。二号宅建于清代。二进三开间。通面阔9.8米，通进深16.6米，占地面积162.68平方米。大门外靠河有对朝楼。内部构件有雕刻。

洪万里宅

位于歙县三阳镇三阳村半岭自然村，建于清代。二进三开间一天井。通面阔9.45米，通进深12.7米，占地面积120平方米。曾为村委食堂，被火烧毁。

洪惟淦宅

位于歙县三阳镇慈坑村，建于清末。坐西南朝东北，一进三开间砖木结构。通面阔4.2米，通进深8.05米，占地面积33.81平方米。有少许门顶木雕窗格。前为正堂，后为厢房。

洪惟树宅

位于歙县三阳镇慈坑村，建于清末。坐东朝西，一进三开间砖木结构楼房。通面阔5.85米，通进深8.7米，占地面积约50.9平方米。前为正堂，后为厢房，有一个明堂。

洪文进宅

位于徽州区岩寺镇洪坑村55号，建于清代。建筑面积125.02平方米。前正门已毁，原有门廊，现存中进三间。下三间为大堂，两边间隔作房间。施月梁，额袱，梁柁如意雕刻。

洪文明宅

位于歙县雄村镇雄村山斗组，建于清代。坐北朝南，一进三开间二层建筑。通面阔9.2米，通进深7.6米，占地面积69.9平方米。有方形、圆形石柱础，有格子窗。

洪武等宅

位于歙县三阳镇三阳村，建于清代。一进三开间一明堂二层建筑。通面阔9.2米，通进深8.16米，占地面积75.07平方米。前有过道楼，现存有木雕花窗。

洪相炎等宅

位于歙县三阳镇英川村，建于清末。一进三开间楼房。通面阔7.9米，通进深9.6米，占地面积75.84平方米。有门楼，石门，青砖木结构。

洪小涛宅

位于歙县桂林镇桂林村1-14号，建于明代。坐东北朝西南，二进三开间三层建筑。通面阔10.9米，通进深14.6米，占地面积159.14平方米。一层厅堂装修精致，采用方格形天花板，二层则保持明代典型的密栅式楼面结构。已迁建棠樾村。

洪学文宅

位于歙县三阳镇叶村，建于清代。坐北朝南，二进三开间楼房。通面阔7.9米，通进深11.5米，占地面积90.85平方米。大门有砖雕门罩，中有天井，东廊置楼梯，明间为堂，左右为房，内部有月梁、斜撑，窗棂木雕精美。

洪学武等宅

位于歙县三阳镇叶村，建于清代。坐北朝南，二进三开间一明堂二层建筑。通面阔7.7米，通进深10.12米，占地面积78平方米。

洪亚萍等宅

位于歙县三阳镇三阳村，建于清代。二进三开间一明堂二层建筑。通面阔8.1米，通进深12.5米，占地面积101.25平方米。有砖雕门楼，有木雕。

洪艳等宅

位于歙县三阳镇三阳村老街，建于清末。二进三开间一明堂二层建筑。通面阔18.6米，通进深8.8米，占地面积163.68平方米。有前院，有少量梁枪，有门楼。木梁霉烂较严重。

洪英文、江禄埠宅

位于徽州区呈坎镇灵山村三组，建于清代。坐西北朝东南，建筑面积165平方米。一排六间砖木结构平房。六间分割不规则，东边梢除外，第二、第三、第四间组成三间，西边两间亦一厅一房，东边多一梢间。

洪英文宅

位于徽州区呈坎镇灵山村三组，建于清代。坐东北朝西南，建筑面积174.3平方米。二进三开间砖木结构二层建筑。上下堂大方砖铺地，三间显厅，屏门雕花精美，其余隔断木皮门装修，髹漆。

洪应水等宅

位于歙县三阳镇叶村，建于清代。二进三开间一明堂二层建筑。通面阔8.26米，通进深10.5米，占地面积86.73平方米。有砖雕门楼，木雕梁柁。有『德享遐龄』匾存于洪应华户中。

洪雨生等二号宅

位于歙县三阳镇叶村，建于清代。二进三开间一明堂二层建筑。通面阔6.19米，通进深15.31米，占地面积94.8平方米。与一号宅并排相连，临街为店堂，天井四周倒塌严重。

洪雨生等一号宅

位于歙县三阳镇叶村，建于清代。一进三开间。通面阔7.6米，通进深9.24米，占地面积70.22平方米。砖雕门楼，木雕梁枨，有明堂，门楼砖雕完整。木雕狮被凿损。

洪玉佳等宅

位于歙县三阳镇中村太古堂对面，建于清代。三进三开间二明堂。通面阔9.5米，通进深18.5米，占地面积175.75平方米。有门楼。

洪郁笙宅

位于绩溪县临溪镇临溪村123号，建于清代晚期。坐东北朝西南，占地面积320平方米。上下对堂，二楼通转，东西厢房，西北向一小圆门为一栋偏房，三合土地坪，外围封火墙。整体保存完整，木构件雕刻精美。

洪裕厚等宅

位于歙县三阳镇三阳村，建于清代。一进三开间二层建筑。通面阔11米，通进深10.15米，占地面积111.65平方米。有院。

洪裕龙等宅

位于歙县三阳镇中村，建于清末。一进三开间一天井。通面阔7.6米，通进深7.8米。屋后厨房面阔4.4米，进深3.1米。占地面积73平方米。

洪元发宅

位于歙县雄村镇卖花渔村九组，建于清代。坐西朝东，一进三开间二层建筑。通面阔7.45米，通进深6.85米，占地面积51平方米。一个天井。有格子窗、梁枕、斜撑、格子门和圆形石柱础。

洪元海等宅

位于歙县三阳镇叶村，建于清末。一进三开间二层建筑。通面阔6.3米，通进深9.7米，占地面积61.11平方米。有砖雕门楼，砖雕被盗毁，有木雕梁枕。

洪源兆宅

位于歙县雄村镇卖花渔村七组，建于清代。坐西朝东，二进三开间二层建筑。通面阔11.2米，通进深14.7米，占地面积164平方米。大门有砖雕门楼，砖雕用泥盖住。一个天井，有格子窗、格子门。有简易斜撑，有圆形石柱础。

洪月花宅

位于歙县杞梓里镇苏村，建于明代。三进单开间砖木结构二层建筑。通面阔8米，通进深12.8米，占地面积102.4平方米。前后有明堂，中进为书房。

洪灶果宅

位于歙县三阳镇三阳村，建于清咸丰、同治年间。一进二开间。通面阔6米，通进深8.6米，占地面积51.6平方米。入门为正堂，右侧为房及楼梯，照壁后房间。

洪灶亮等宅

位于歙县三阳镇小岫村009号，建于清代。坐西朝东，一进三开间二层建筑。通面阔8.65米，通进深7.35米。内部梁架简单。

洪灶生等宅

位于歙县三阳镇高山村外高山自然村，建于清代。二进三开间一明堂。通面阔9米，通进深10.75米，占地面积96.75平方米。暗三层。内部雀替、斜撑等构件有雕刻。

洪灶顺等宅

位于歙县三阳镇中村，建于清代。二进三开间一明堂二层建筑。通面阔9.5米，通进深12.3米，占地面积117平方米。有门楼，砖雕有凿损。

洪灶所宅

位于歙县三阳镇三阳村，建于清末。二进三开间一明堂二层建筑。通面阔8.4米，通进深22.9米，占地面积192.36平方米。大院开阔，院内有古罗汉松，树龄300余年。

洪灶有等宅

位于歙县三阳镇叶村，建于清代。二进三开间一明堂二层建筑。通面阔9.7米，通进深11.1米，占地面积107.67平方米。有砖雕门楼，木雕窗格。

洪灶跃等宅

位于歙县三阳镇慈坑村，建于清代。坐东北朝西南，二进三开间砖木结构二层建筑。通面阔6.6米，通进深10.1米，占地面积66.66平方米。前正堂，后厢房。

洪泽泉宅

位于歙县三阳镇叶村，建于清末。一进三开间二层建筑。通面阔8.75米，通进深5.7米，占地面积49.88平方米。有木雕窗、墙画，四开门。

洪泽三宅

位于歙县三阳镇中村，建于清代。坐北朝南。通面阔9.5米，通进深35.25米，占地面积333平方米。主屋两进三开间，前有小院，院前两厨房，院内墙存有壁画，砖雕门楼，内部有木雕。

洪宅

原位于歙县竹铺乡珠川村，现存于潜口民宅清园内，建于清光绪年间。二进三开间上下对堂三层建筑。门楼砖雕细腻，线条富于变化。明间设置双三星高照木为装饰，楼上四个窗口木雕精美。楼下明间照壁枋上有毛笔书写的『大清光绪二十三年十月初三大吉』字样。1988年作为潜口民宅的组成部分被列为全国重点文物保护单位。

洪长女等宅

位于歙县三阳镇竹铺村，建于清代中期。坐西南朝东北，二进三开间。通面阔9米，通进深11.76米，占地面积106平方米。有门楼，无木雕。

洪哲智宅

位于绩溪县长安镇坦头村，建于清代后期。坐北朝南，占地面积204.5平方米。上下对堂，二楼通转，中设天井，撑拱承挑出檐，三合土地坪。外围封火墙，室内的隔扇和窗栏板雕刻兰花草，整栋建筑保存完整。

洪振飞宅

位于祁门县凫峰乡凫坑村土坑组。坐东朝西，一进三开间徽派砖木结构二层建筑。通面阔14.3米，通进深8.6米，占地面积123平方米。设边门，经门弄再经边门出入。前设天井采光通风。屋内隔扇、斜撑等木雕保存较好。全青石板铺设地面。

洪正时宅

位于歙县雄村镇卖花渔村，建于清代。坐北朝南，一进三开间二层建筑，通面阔9.4米，通进深10.4米，占地面积90平方米。结构完整。大门有砖雕门楼。内部构件有雕刻。

洪植林等宅

位于歙县三阳镇高山村里高山自然村，建于清代。二进三开间一明堂。通面阔9.15米，通进深11.8米，占地面积108平方米。有门楼，少许砖雕。

洪祖根宅

位于歙县三阳镇英川村，建于清代。坐北朝南，一进三开间楼房。通面阔9.45米，通进深8.65米，占地面积82平方米。内部斜撑、窗栏等构件有雕刻。

洪祖庆等宅

位于歙县三阳镇三阳村老街343号，建于清末。一进三开间一天井二层建筑。通面阔7.9米，通进深11.3米，占地面积89.27平方米。有砖雕门楼，『文革』时有破坏。

洪祖顺等宅

位于歙县三阳镇三阳村徽杭老路边，建于清代。二进三开间一明堂二层建筑。通面阔8.6米，通进深13.4米，占地面积115.24平方米。门楼有精美砖雕。有精美木雕，如木雕狮（4只）、梁柁、窗、门等。

洪祖泗等宅

位于歙县三阳镇三阳村老街，建于清末。三进三开间二明堂砖木结构二层建筑。通面阔6.25米，通进深12.75米，占地面积79.69平方米。曾作为杂货店。六开门，门外两边有花龛，花龛前各有元宝石一块。

洪坐通等宅

位于歙县三阳镇上坦村，建于清光绪年间。坐东朝西，一进三开间楼房。通面阔9.2米，通进深7.65米，占地面积70平方米。大门上方有漏窗，其上有墙画。内部梁架简单。

洪座宝等宅

位于歙县三阳镇高山村外高山自然村95号，建于清末。坐东朝西，一进三开间。通面阔6.7米，通进深11.8米，占地面积79.06平方米。大门有简易门楼。

洪座树等宅

位于歙县三阳镇高山村外高山自然村，建于清代。二进三开间一明堂三层建筑。通面阔9.5米，通进深11.52米，占地面积109.44平方米。有砖雕门楼，木雕梁柁，雕刻精美。

洪座焰等宅

位于歙县三阳镇中村，建于清末。二进三开间一明堂二层建筑。通面阔19.7米，通进深9米，占地面积177平方米。有门楼，门楼砖雕有凿损。

鸿德堂

位于歙县三阳镇慈坑村，建于明末清初。坐西北朝东南，二进三开间。通面阔8.2米，通进深12.05米，占地面积98.81平方米。有门楼砖雕、木雕。明堂右侧屋顶倒塌，厨房为后来所建。

侯家昌宅

位丁黟县碧阳镇古黄村黄村组，建于清代。坐东朝西，一进三开间一天井二层建筑。开间9.4米，进深8.85米，占地面积83.2平方米。木雕刻和楼行栏杆较完整，制作较精致。

侯延富宅

位于黟县碧阳镇南屏村，始建于清末。坐西南朝东北，一进三开间一天井二层建筑。开间9.8米，进深6.9米，占地面积67.6平方米。天井完好，天花板彩绘，木构架保存尚好。

侯延亮宅

位于黟县宏村镇塔川村，建于清代。坐北朝南，开间11.1米，进深18.4米，占地面积204.2平方米。二进三开间二厢二天井二层建筑。正面大门，后左厢侧设楼梯上楼。房屋整体保存完整，内构砖、木、石构配件制作精美。

侯延亮宅

位于黟县宏村镇龙江村上轴组，堂名『原本堂』，建于清代。坐北朝南，二进三开间带厢廊二层建筑。开间9.3米，进深16.6米，占地面积154.4平方米。前正面大门，内设入口屏风，前进照壁后上楼，后进左右厢设门通外及厨房。

厚德堂

位于歙县霞坑镇洪琴村165号，建于清代。坐西北朝东南，一进三开间二层建筑。通面阔11.6米，通进深8.2米，占地面积95平方米。东侧面门有一个小院，内部斜撑等构件有雕刻，木雕保存完好。

胡阿女宅

位于歙县雄村镇庄源村五组，建于清代。坐西朝东，一进三开间。通面阔10.15米，通进深6.35米，占地面积64.5平方米。有砖砌花窗和门套，结构简单。

胡阿银宅

位于歙县霞坑镇里方村十组，建于清代。坐西北朝东南，二进三开间三层建筑。通面阔11.4米，通进深12.9米，占地面积147平方米。大门有门罩，略有破坏。内部雀替、斜撑等有雕刻，部分木雕被破坏。

胡安平宅

位于绩溪县家朋乡磡头村大夫第9号隔壁，建于清代晚期。坐东南朝西北，一进三开间。占地面积71.5平方米。抬梁穿斗并用式梁架。撑拱承挑出檐，前檐檐部设一天井，三合土地坪。外围封火墙，室内的木雕构件斜撑、隔扇、窗栏板、挂落雕刻精美，整栋建筑保存完好。

胡百里宅

位于徽州区西溪南镇巴村琶塘自然村二组，建于清代。坐西北朝东南，建筑面积139.78平方米。上下两对堂二层建筑。门厅，两次间。上堂三间，中间为厅，次间为房。楼上沿天井有一圈格子门，上堂有腰檐，屋面有望砖。

胡宝康宅

位于歙县王村镇新安村，建于清代。坐北朝南，一进三开间砖木结构二层建筑。通面阔10.2米，通进深9.35米，占地面积95.37平方米。二楼明堂有木头围栏。

胡宝林等宅

位于黟县碧阳镇钟山村沙溪组，建于清代。坐西朝东，二进三开间带二厢有天井砖木结构二层建筑。开间9.8米，进深18.5米，占地面积177.9平方米。隔扇、木构配件、门楼保存较好。

胡斌宅

位于黟县宏村镇龙江村林村组，建于清末。坐东北朝西南，三开间前堂后厅二层建筑。开间9.3米，进深12.4米，占地面积115.3平方米。正面大门为入口，右侧门通厨房，照壁后上楼。木构架、装修整体完整。

胡炳衡宅

位于绩溪县瀛洲镇龙川村010号，建于清代晚期。坐北朝南偏东，砖木结构。硬山式屋顶，山墙封砌马头墙，前厅后室布局。前厅在20世纪60年代被火烧毁，2004年在原基址上修复。前后共两部分，前檐有一天井，前部分东西两边各设房间一个；后部分敞开，不设楼。后室在1997年维修，为三层楼三开间。后室西边有一厨房，厨房前有一个方形水井。雀替、驼峰、撑拱雕刻精美完好。2013年被列为全国重点文物保护单位。

胡炳华、胡卫华宅

位于黟县宏村镇塔川村芳村组，建于清代。坐东北朝西南。开间9.1米，进深8.3米，占地面积75.5平方米。正面大门，照壁后上楼。泥土地面。木构架完整。

胡炳康宅

位于黟县碧阳镇钟山村胡村组，建于清代。坐北朝南，三开间砖木结构二层建筑。开间9.85米，进深7.95米，占地面积78.3平方米。木构架保存较好。

胡炳林、许大坤宅

位于歙县许村镇许村高阳自然村063号、064号，建于清代。坐东朝西，二进三开间二层建筑。通面阔10.1米，通进深14米，占地面积142平方米。大门有门楼，门楼有砖雕，内部窗子、斜撑等构件有雕刻。

胡炳信宅

位于黟县碧阳镇赤岭村，建于清代。坐北朝南，三开间有天井砖木结构二层建筑。开间9.05米，进深7.4米，占地面积67平方米。木构架承重，木构配件、隔扇等制作较好。

胡步云宅

位于屯溪区屯光镇尤溪村坝口自然村20号，建于清代。占地面积约99平方米。坐北朝南，一进三开间砖木结构二层走马楼。穿斗式构架，硬山式屋顶。明间为厅，次间为厢房。厅与天井石板铺地，无落差。屋内木门、窗多以雕花装饰，二层檐栏有排窗。

胡采仂宅

位于徽州区潜口镇潜口村友谊二组，建于清代。坐西朝东，三开间二厢二层建筑。建筑面积156.24平方米。门屋为店面。后进三间，明间为厅，有两道月梁，饰雀替，两次间为住房。楼上把明间和东次间合装修为套房，上楼后从西次间后部进入。

胡彩琴宅

位于歙县富堨镇中溪村凤凰一组，建于清代。坐东朝西，二进三开间楼房。通面阔10.3米，通进深13.8米，占地面积142平方米。门楼有砖雕，内部有简易雕刻。

胡茶花宅

位于黟县西递镇源川村汪村组，建于清末。坐东北朝西南，主屋带厨房，三开间带二厢砖木结构有天井二层建筑。开间12.65米，进深9.2米，占地面积116.4平方米。右厢侧耳门通室外，左厢侧耳门通厨房。

胡昌宏宅

位于歙县溪头镇西坡村竹园自然村，建于清末。坐北朝南，一进三开间。通面阔12.9米，通进深9.5米，占地面积123平方米。大门居中，有石础一对。排水和防火设施齐全，保存完好。

胡长福宅

原位于徽州区西溪南镇长林村上一组，2011年迁入岩寺新四军军部旧址纪念馆，建于明末。坐东朝西，建筑面积95.79平方米。一进四开间带天井三合式二层建筑。大门后即天井，红紫石平整铺砌。四间东首三间为正屋，明间壁后设楼梯，由东向西登楼。楼上抬梁式五架梁，有美人靠，老虎脚雕刻精美，屋面铺望砖。2013年作为岩寺新四军军部旧址的组成部分被列为全国重点文物保护单位。

胡长富等宅

位于休宁县汪村镇杨源村广源组村中央，建于清代。占地面积89.36平方米。坐东南朝西北，大门开边上，一进三开间。门罩砖雕饰花卉、宝瓶、人物等，地面铺条石板，立柱及柱础方形，雀替雕花卉，斜撑雕人物，楼栏板雕人物及琴棋书画，木隔扇窗饰方格。

胡长江宅

位于歙县璜田乡璜田村三组，建于清代。坐北朝南，二进三开间。面阔9.3米，进深13.7米，占地面积127.41平方米。均为硬山顶，青瓦盖顶。

胡长江宅

位于黄山区仙源镇龙山村中市组，建于晚清。一进三开间，木架结构穿斗式，占地面积60平方米。板壁墙，天棚望砖，斜撑4个，平板斗2个。

胡长生宅

位于黟县西递镇霭峰村上村组，建于清末。坐北朝南。开间8米，进深6.09米，占地面积48.8平方米。三开间带二厢二层建筑。有天井、门楼，右厢耳门通厨房，由厨房设楼梯上楼。

胡朝晖宅

位于歙县璜田乡璜蔚村东方组，建于清代。坐东南朝西北，一进三开间。通面阔4.4米，通进深6.2米，占地面积27.28平方米。

胡成业、胡利宣一号宅

位于黟县碧阳镇星火村陈闾组，建于清代。坐西南朝东北，三开间有天井砖木结构二层建筑。开间10.4米，进深9米，占地面积93.6平方米。木构架承重，房屋木构架及装修较完整，木构配件、隔扇门窗等制作较好。

胡诚福宅

位于黟县碧阳镇关麓村潘村组，建于清代。坐南朝北，三开间二厢砖木结构二层建筑。开间9.6米，进深7.8米，占地面积74.9平方米。木构架承重，内构制作较好。

胡承哲宅

位于绩溪县上庄镇上庄村中路62号，建于清代后期。坐北朝南。占地面积126平方米。大门开在东山墙的东南隅，饰五飞砖门罩，东西厢房隔扇、撑拱、雀替、驼峰、窗门等均雕饰吉祥如意纹饰。梁架和基础较好。

胡持德宅

位于休宁县汪村镇杨源村杨村组，建于清代。坐西北朝东南，大门开边墙，一进三开间。占地面积64.61平方米。地面铺条石板，立柱及柱础方形，雀替雕蝴蝶状图案，木隔扇门饰方格。

胡崇德宅

位于黟县西递镇西递村，建于清代。坐西朝东，前后三间。主体建筑通面阔 10.7 米，通进深 12.2 米，占地面积 130.5 平方米。

胡传旧居

位于绩溪县上庄镇上庄村环村自然村南路 120 号，建于清代早期。坐北朝南，占地面积 145 平方米。外观古雅朴拙，单层建筑，上下对堂，中设天井，厅式建筑，由前厅、天井、正厅、上下东西厢房以及厨房与其他附属房等部分组成，保存基本完整。2004 年被列为安徽省重点文物保护单位。

胡春和、江桂生宅

位于黟县碧阳镇钟山村胡村组，建于清代。坐北朝南，二进三开间砖木结构二层建筑（前进为上下厅中天井）。开间10.4米，进深18.4米，占地面积191.4平方米。

胡纯武宅

原位于徽州区西溪南镇长林村，2011年迁入岩寺新四军军部旧址纪念馆，建于清末。坐北朝南，建筑面积139平方米。三开间中天井上下对堂四合式二层建筑，大门开在下堂西廊后，有屋披，上下堂居中皆为厅，天井青石铺地，楼梯设在东廊内。楼层『回』字跑马楼，进深较为宽阔。2013年作为岩寺新四军军部旧址的组成部分被列为全国重点文物保护单位。

胡从宅

位于绩溪县上庄镇上庄村环村自然村南路40号，建于清代中期。坐北朝南，占地面积88平方米。砖木结构，硬山式屋顶，穿斗式梁架。面阔三间，进深三间。明间单层，筑人字轩顶，东西两边房间并设楼。斜撑、雀替及窗门雕刻精美。

胡翠凤宅

位于徽州区潜口镇唐模村后坞窑自然村，建于清代。坐西北朝东南，建筑面积179.28平方米。五开间上下对堂二层建筑。大门罩华丽。下堂五间当中三间原隔为房，两梢间为杂物间。上堂五间用中三间为厅，两梢间隔为住房。楼上隔为五间房。

胡翠花宅

位于歙县雄村镇庄源村五组，建于清代。一进三开间。通面阔5.45米，通进深8.31米，占地面积45.3平方米。有格子窗，格子花板。有小冬瓜梁，有木板门。

胡翠玉宅

位于黟县西递镇石印村前进组，建于清末。坐西朝东，左偏厅坐东朝西，开间14.56米，进深10.77米，占地面积157.2平方米。主楼为三开间带二厢后统二层建筑，偏厅为前统后二开间二层建筑。有天井，主楼左厢耳门通偏厅，偏厅左侧耳门通室外，偏厅前院右侧进厨房，前院有水井一口。

胡大利宅

位于歙县霞坑镇里方村三组，建于清代。坐西北朝东南，二进三开间二层建筑。通面阔4.9米，通进深14.2米，占地面积70平方米。大门石框斜置，梁架简单。

胡大侔故居

位于黄山区甘棠镇大桥村赵2组，建于清代中晚期。占地面积1010.68平方米。二进五开间建筑，前有庭院。房南侧、东侧有条形倚屋，前院有花坛，侧有青石（一线天）浮雕5块，刻有春水图案。硬山式屋顶，木架结构穿斗式。水门汀地面，青泥花砖墙，有天棚，望砖。有天井2个，前后上下堂形制。

胡大任宅

位于屯溪区新潭镇长林村，建于清代。占地面积421.7平方米。坐北朝南，二进三开间砖木结构平房。前进一脊翻两堂，前堂住房正面六扇，后堂四扇格子门。后进一脊翻两堂，屋面用木望板，东首门外一条封闭巷道通往厨房，巷道外又设偏门通往户外、西庑。

胡大兴宅

位于婺源县紫阳镇考水村八家巷，建于清光绪年间。坐西朝东，徽派砖木结构二层建筑，属清商宅。全屋包括正屋和前院，占地面积180平方米。正屋面阔11.6米，进深11.5米，占地面积135平方米。三间二厢结构。正堂三披水檐天井，边厢木雕简洁。2005年被列为婺源县重点文物保护单位。

胡大章宅

位于徽州区岩寺镇广惠居委会广惠巷57号，建于清代。坐北朝南，建筑面积149.46平方米。三间上下对堂二层建筑。下堂三间，明间为厅，两边次间为房。上堂三间，明间为厅，两次间为房。楼上跑马楼，沿天井一圈都有格子门，屋面全部装望砖。

胡德乐宅

位于绩溪县华阳镇城隍街1号，建于清代。坐西朝东，占地面积85平方米，一进三开间厅式建筑。东西厢房，置一天井，外围封火墙，室内的木构件略施雕刻。房屋北侧有一口古井。

胡德利宅

位于徽州区西溪南镇巴村琶塘二组，建于清代。坐东朝西，建筑面积182.48平方米。一进三开间二层建筑。正屋三间，明间为厅，次间为房。楼上三间，明间为厅，次间为房。屋面有天花，檐口有望板，每间正中双开格子门。

胡德名宅

位于绩溪县扬溪镇泉水塘村49号，建于清代后期。坐东南朝西北，占地面积100.5平方米。二进三开间。二楼通转，前进有木质影壁，东西厢房，抬梁式梁架，后进是小照壁，照壁后有两个小房间，前进和后进之间有一个小天井。室内木雕构件雕刻精美。

胡德平宅

位于歙县雄村镇夏坑村，建于清代。坐东朝西，二进三开间。通面阔8.4米，通进深15.5米，占地面积130平方米。两个天井。大门口有门楼。有简易砖雕、格子花窗、雀替、斜撑，前进雀替有花草，有方形石柱础。

胡德瑞宅

位于歙县璜田乡璜田村五组，建于清代。坐南朝北，一进一开间。通面阔9.8米，通进深6米，占地面积58.8平方米。均为硬山式屋顶，青瓦盖顶。

胡德生、胡德林宅

位于徽州区富溪乡长坞村集心组，建于清代。坐西朝东，建筑面积110平方米。大门上施简易砖雕门罩，上下对堂，一明两暗中天井。临天井向厢房隔扇栏板及斜撑有雕刻，后进施腰檐与前檐形成四边落水，楼层三面施栏杆，后进腰檐，楼层上有隔扇装修。

胡德文宅

位于歙县霞坑镇里方村一组，建于清代。坐东南朝西北，一进三开间楼房。通面阔13.6米，通进深11.2米，占地面积152平方米。大门有门罩，大门偏北开门，门前是后街道，两边房间，靠北墙开天井。

胡德源宅

位于歙县霞坑镇里方村一组，建于清代。坐北朝南，一进三开间砖木结构楼房。通面阔10.4米，通进深9.2米，占地面积95平方米。大门开在南边，东西开小门，有天井。西边出门是厨房，东边门靠路。

胡东元宅

位于绩溪县华阳镇城内南门外51号，建于清代后期。坐西北朝东南，占地面积105.5平方米。一进三开间砖木结构二层建筑。前檐设一天井，二楼矮窗装饰，撑拱承挑出檐，东西厢房，三合土地坪。外围封火墙，室内狮撑、雀替雕刻精美，梁架和基础较好，正厅重新吊顶。

胡冬如宅

位于绩溪县瀛洲镇仁里村193号，建于清代晚期。坐东北朝西南，占地面积68平方米。一进三开间二层建筑。硬山式屋顶。三合土地坪，外围封火墙。正厅两侧为厢房，二楼用矮窗、隔扇和栅栏装置，前檐设一天井，木板照壁后设步架登楼，室内雀替、斜撑雕刻精美。

胡冬月宅

位于绩溪县上庄镇宅坦村中街20号，建于清代中期。坐东北朝西南，一进三开间二层建筑。占地面积90平方米。硬山式屋顶，外围封火墙，方砖地坪。前设天井，大厅两边的圆柱上有太平军刀砍痕迹。整体保存完整。

胡发俭宅

位于歙县璜田乡璜田村五组，建于清代。坐西朝东，一进三开间。通面阔7.8米，通进深6.9米，占地面积53.82平方米。均为硬山式屋顶，青瓦盖顶。

胡发利宅

位于歙县璜田乡璜田村六组，建于清代。坐南朝北，一进三开间楼房。通面阔8米，通进深9.8米，占地面积78.4平方米。均为硬山式屋顶，青瓦盖顶。

胡发明宅

位于绩溪县家朋乡霞水村180号对面，建于清代晚期。坐东南朝西北，占地面积120平方米。一进三开间二层建筑。抬梁穿斗并用式梁架，前檐檐部设一天井，三合土地坪。硬山式屋顶，外砌封火墙，梁架和基础较好。室内木雕构件雕刻十分精美。

胡发明宅

位于黟县宏村镇屏山村，建于清代。坐北朝南，三开间带二厢（厅堂式）二层建筑。开间9.79米，进深8.68米，占地面积85平方米。有天井、门楼，前有照壁墙，左夹室耳门通外巷道，后檐墙门通内巷，屋内为方柱。砖、木、石构配件及装修等制作较好，总体保存较完整。

胡发生宅

位于黟县碧阳镇横岗村，建于清代。坐东朝西，三开间带二厢有天井二层建筑。开间11.25米，进深9.4米，占地面积105.8平方米。隔扇门窗、横风窗等木雕构配件及砖雕门楼保护较好，制作水平较高，技艺精湛。

胡发树宅

位于歙县璜田乡璜田村二组，建于清代。坐南朝北，三进三开间楼房。通面阔10.88米，通进深18米，占地面积195.9平方米。均为硬山式屋顶，青瓦盖顶。

胡逢庆、胡名浜宅

位于黟县西递镇西递村，建于清代。坐东北朝西南。通面阔9.5米，通进深14米，占地面积133平方米。建筑形制为四合院式。

胡逢荣宅

位于黟县西递镇西递村，建于清代。坐北朝南。占地面积172.9平方米，建筑面积218.9平方米。三开间二层建筑，偏厅为一层建筑。

胡逢正宅

位于黟县西递镇西递村，建于清乾隆年间。坐东北朝西南。三开间二层建筑。主体通面阔10.8米，通进深为8.5米，建筑面积137.6平方米。

胡福贵宅

位于黟县西递镇西递村，建于清咸丰年间。坐西北朝东南，三开间二层建筑。主体通面阔10米，通进深16米，建筑面积203平方米，占地面积160平方米。

胡福祥宅

位于黟县碧阳镇横岗村，建于清代。坐东朝西，三开间带二厢有天井二层建筑。开间9.45米，进深7.05米，占地面积66.6平方米。隔扇门窗、横风窗等木构配件制作较好。

胡淦成宅

位于歙县霞坑镇里方村四组，建于清代。坐西朝东，二进三开间三层建筑。通面阔9.4米，通进深18.4米，占地面积172平方米。大门有门罩，门罩有砖雕，砖雕较精致，门罩略有破坏。内部梁架有木雕。

胡高尚宅

位于绩溪县瀛洲镇龙川村88号，建于清代后期。坐西北朝东南，占地面积65平方米。一进三开间二层建筑。抬梁穿斗并用式梁架。撑拱承挑出檐，前檐檐部设一天井，现天井已改，三合土地坪。外砌封火墙，梁架和基础较好。室内木雕构件斜撑、驼峰、窗栏板、挂落雕刻精美。

胡根生宅

位于歙县徽城镇大梅口村，建于清代。坐北朝南，砖木结构二层建筑。通面阔6.5米，通进深4.6米，占地面积30平方米。

胡公慧宅

位于屯溪区新潭镇长林村双忠组，建于清代。占地面积101.2平方米。坐北朝南，一进三开间砖木结构二层建筑。上堂原为大方砖铺地，天井是红紫石铺砌，上堂原为抬梁式木构架，三架统为一厅。两庑有门通往户外，楼上明间为客厅，两次间辟为住房，屋面无望。

胡谷成宅

位于歙县雄村镇柘林村十一组，建于清代。坐北朝南，一进三开间一天井二层建筑。通面阔8.95米，通进深8.32米，占地面积74.46平方米。有冬瓜梁和圆形石柱础，楼梯摆放在客厅东侧，大门口有门楼。

胡观成宅

位于绩溪县瀛洲镇坑口村88号背面，建于清代后期。坐北朝南，占地面积52平方米。一进三开间二层建筑。前檐设一天井，撑拱承挑出檐，抬梁穿斗并用式梁架。三合土地坪，外围封火墙。室内木结构略有雕刻。

胡观林等宅

位于歙县徽城镇南屏村忠堡自然村，建于清代。坐北朝南，一进三开间砖木结构二层建筑。通面阔5米，通进深6.5米，占地面积32.5平方米。大门有简易门楼。

胡观荣宅

位于黟县宏村镇龙江村江村二组，建于清代。坐北朝南，二开间二层建筑。开间6.55米，进深7.65米，占地面积50.1平方米。活动木梯上楼。木构整体保存完整。

胡观树宅

位于徽州区呈坎镇杨干村中杨干自然村，建于清代。坐东南朝西北，建筑面积107.7平方米。三开间二阁厢二层建筑。正屋三间，明间为厅，次间装房。楼上三间，明间为厅，次间为房，小格子窗门，前檐口有望板。

胡观松宅

位于黟县碧阳镇赤岭村，建于清末。坐西朝东，三开间二厢带厨房有天井砖木结构二层建筑。开间10.25米，进深6.2米，占地面积63.6平方米。木构架承重，整体木构架较完整。

胡观仙宅

位于绩溪县瀛洲镇仁里村176号，建于清代晚期。坐东北朝西南，占地面积163平方米。由正厅、偏房和一附属房构成，正厅为一进三开间二层建筑，前檐檐部设一天井，三合土地坪；偏房为一进三开间二层建筑，前檐檐部设一天井二层建筑，三合土地坪。室内木雕构件雕刻精美。

胡观信宅

位于黟县宏村镇龙江村江村二组，建于清末。坐东北朝西南，三开间带二厢有天井二层建筑。开间9.2米，进深8.85米，占地面积81.4平方米。左厢侧门通厨房，照壁后上楼。

胡桂英宅

位于徽州区潜口镇潜口村豆腐巷，建于明末。坐西北朝东南，建筑面积130.54平方米。一进五开间二厢二层建筑。上堂五间，明间为厅，两次间、两梢间各辟为住房，枋间隔断为芦苇墙。楼上明、次间三间为抬梁式屋架，一个厅，两梢间为住房。

胡国安、胡树安宅

位于黟县碧阳镇南屏村，建于清代。坐东朝西，三开间带二厢有天井砖木结构二层建筑。开间9.68米，进深7.05米，占地面积68.2平方米。木构架承重，木配构件及隔扇制作较好。

胡国斌宅

位于祁门县安凌镇雷湖村下分组，建于清末。坐西南朝东北，徽派砖木一厅四厢走马楼式二层建筑。通面阔10米，通进深10.5米，占地面积105平方米。中设天井采光通风，隔扇保存完整，梁枋雕刻受损严重。

胡国栋宅

位于歙县璜田乡璜蔚村洪流组，建于清代。坐东南朝西北，二进三开间。通面阔 13.4 米，通进深 12.6 米，占地面积 168.59 平方米。均为硬山式屋顶，青瓦盖顶。

胡国良宅

位于黟县西递镇西递村，建于清代。坐西朝东，三开间二层建筑。主体通面阔 10.5 米，通进深 10.2 米，建筑面积 186.1 平方米，占地面积 156.1 平方米。

胡国平、胡胜利宅

位于黟县宏村镇塔川村芳村组，建于清代。坐西朝东，三开间二层建筑。开间8.7米，进深7.55米，占地面积65.7平方米。正面大门，照壁后上楼，左右厢耳门通厨房及偏屋。门楼制作较好。

胡国强宅

位于黟县西递镇西递村，建于清代。坐北朝南，三开间二层建筑。主体通面阔10米，通进深10.7米，占地面积107平方米。

胡国文、范雪飞宅

位于歙县许村镇塔山村塔山六组，建于清末。坐西朝东，二进三开间楼房。通面阔7.3米，通进深10.9米，占地面积79.57平方米。右厢房已倒塌，后进楼板已烂空，楼下所有板壁全无。

胡国信等宅

位于黟县碧阳镇钟山村瑶山组，建于清代。坐北朝南，前后进三开间带二厢砖木结构二层建筑（前进为上下厅中天井）。开间9.45米，进深16.5米，占地面积155.9平方米。隔扇门窗、横风窗、楼行栏杆、构配件及门楼制作较好。

胡国兴宅

位于休宁县汪村镇田里村石屋坑组50号，建于清代。占地面积132.25平方米。坐西朝东，一进三开间。开边门，东侧有庭院。立柱及柱础方形，雀替雕花纹，木隔扇窗雕方格及花卉。

胡国源宅

位于黟县宏村镇塔川村芳村组，建于清代。坐西朝东，三开间二层建筑。开间8.35米，进深7.1米，占地面积59.3平方米。正面大门，照壁后上楼。房屋木构架、装修等保存较好。

胡海清宅

位于黟县西递镇西递村，建于清代。坐北朝南，三开间二层建筑。主体结构通进深8.85米，通面阔12.6米，建筑面积161平方米。

胡和明宅

位于徽州区岩寺镇上朱村朱家坦先进组，建于清代。坐南朝北，建筑面积344.52平方米。二进三开间二层建筑。前进为上下对堂小四合院，上堂三间，明间为厅和两厢。后进三间二厢，两庑有屏门装修。楼上前后进走马楼，明间为厅，两次间为房，厅大方砖正铺地，坎上格子门，屋面铺望板。

胡和平宅

位于歙县雄村镇夏坑村，建于清代。坐北朝南，一进三开间。通面阔9.4米，通进深7.1米，占地面积66.74平方米。无门楼，有花格子窗、格子门，有斜撑。两侧有厢房。

胡和平宅

位于黟县西递镇西递村，建于清道光年间。坐北朝南，三开间二层建筑。建筑面积165平方米，占地面积145平方米，主体通面阔18.8米，通进深8.85米。

胡恒林宅

位于歙县霞坑镇里方村一组，建于清代。坐西北朝东南，一进三开间楼房。通面阔11.1米，通进深12.5米，占地面积140平方米。大门有门罩，门罩砖雕被破坏。堂前有天井，靠东边开大门，屋内两边是房间。

胡恒木宅

位于歙县霞坑镇里方村一组，建于清代。坐南朝北，一进三开间二层建筑。通面阔11.5米，通进深13.8米，占地面积159平方米。大门外有院子，大门有门罩，宅内有天井。

胡宏昌宅

位于黟县碧阳镇北街社区，建于清代。坐南朝北，开间9.4米，进深7.8米，占地面积73.3平方米。三开间砖木结构二层建筑，有天井。木构架承重，木构架、装修等较完整，构配件、隔扇等保存较好。

胡洪宅

位于黟县西递镇西递村，建于清代。坐东朝西，三开间二层建筑。主体建筑通面阔11.6米，通进深8米，占地面积150.2平方米。

胡华东、胡小岩宅

位于歙县璜田乡璜田村四组，建于清代。坐北朝南，一进五开间。通面阔20米，通进深11.5米，占地面积约230平方米。均为硬山式屋顶，青瓦盖顶。

胡华松宅

位于歙县雄村镇夏坑村，建于清代。坐北朝南，二进三开间。通面阔11.4米，通进深16米，占地面积182.4平方米。结构完整。部分老化，内有精美木、石雕花板，木质雕狮子梁柁，格花状格子窗。

胡怀仁、胡杏媛宅

位于黟县西递镇西递村，建于清代。三开间二层建筑。占地面积118.5平方米，主体建筑通面阔9.6米，通进深7.5米。偏厅面积25平方米，厨房面积19平方米，院落面积53平方米。

胡焕全宅

位于歙县雄村镇朱村十二组，建于清代。坐西朝东，一进三开间楼房。通面阔5.47米，通进深8.32米，占地面积45平方米。有梁柁，门面房，板门。

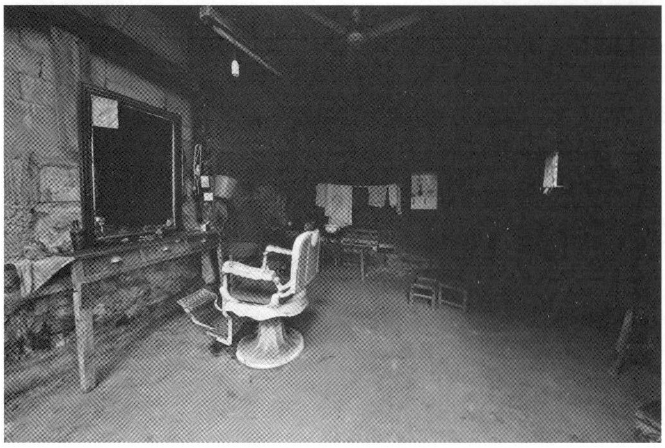

胡辉平宅

位于黟县碧阳镇横沟弦街，建于清代。一进三开间砖木结构二层建筑。占地面积164.86平方米，建筑面积263.9平方米。厅堂直梁上雕刻有精美的图案，梁头附木雕花板，挑头梁下设木雕斜撑，梁上托泥周围雕刻卷草云纹，精美绝伦。2014年被列为黟县重点文物保护单位。

胡汇榴等宅

位于歙县雄村镇柘林倍村四组，建于清代。坐东朝西，一进三开间二层建筑。通面阔8.3米，通进深5.7米，占地面积47.31平方米。西边有厢房，二楼有格子窗。

胡惠娟宅

位于黟县西递镇西递村，建于清乾隆年间。坐东朝西，三开间二层建筑。通面阔9.7米，通进深6.2米，建筑面积60平方米。

胡慧明、胡惠中宅

位于黟县西递镇西递村，建于清乾隆年间。坐西北朝东南，五开间二层建筑。通面阔13.41米，通进深6.35米，建筑面积85.2平方米。

胡吉林宅

位于歙县徽城镇渔梁村，建于清代。坐南朝北，二进三开间一天井。通面阔9.4米，通进深19.5米，占地面积183.3平方米。后进为厨房。大门有简易门楼。

胡集中等宅

位于歙县坑口乡阳坑村四安组，建于清末。坐东南朝西北，通面阔14.2米，通进深6.5米，占地面积92.3平方米。

胡纪涛宅

位于黟县西递镇西递村，建于清乾隆年间。坐北朝南，三开间二层建筑。主体通面阔10.6米，通进深8米，建筑面积139.3平方米。

胡季女宅

位于歙县雄村镇庄源村，建于清代。坐北朝南，一进三开间二层建筑。通面阔7.85米，通进深6.31米，占地面积49.5平方米。有格子窗、格子门、石础。结构简单。

胡季兴、王美珍宅

位于黟县西递镇西递村，建于清同治年间。坐南朝北，三开间二层建筑。建筑面积215.9平方米，占地面积181.9平方米，主体通面阔9.55米，通进深13.5米。

胡继风宅

位于歙县璜田乡璜田村三组，建于清代。坐东朝西，一进三开间。面阔9.4米，进深5.1米，占地面积47.94平方米。均为硬山式屋顶，青瓦盖顶。

胡继民宅

位于黟县西递镇西递村，建于清光绪年间。坐西北朝东南，三开间二层建筑。建筑面积115.6平方米，占地面积81.04平方米，主体通面阔8.4米，通进深8.5米。

胡继寿宅

位于黟县西递镇西递村，建于清同治年间。坐北朝南，三开间二层建筑。占地面积155.7平方米，建筑面积120平方米。

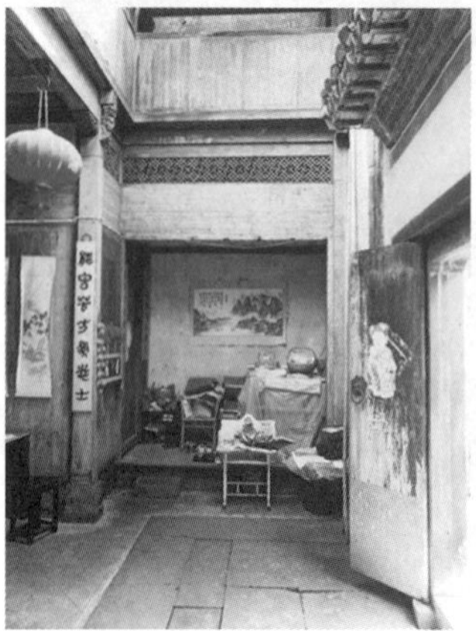

胡家大屋

位于祁门县祁山镇东街里汪家巷7号，建于清代。原系周氏宅居，清道光年间曾重修，胡家于民国十七年(1928)购买居住。坐北朝南，徽派砖木结构，由门厅以及前、中、后厅四进组成。通面阔14.8米，通进深25.4米，占地面积376平方米。

胡家老屋

位于徽州区呈坎镇灵山村上村自然村，建于清代。建筑面积107.7平方米。二进三开间上下对堂砖木结构楼房。下堂比上堂低30厘米，中为青石板铺砌的天井，低于下堂4.5厘米。上堂明间为厅，两次间为房。下堂东边厢房为登楼通道，明间为厅。

胡家林宅

位于绩溪县华阳镇八角井9号，建于清代后期。坐北朝南，占地面积73.5平方米。一进三开间二层建筑。前檐设一天井，撑拱承挑出檐，抬梁穿斗并用式梁架。三合土地坪，外围封火墙，室内无雕刻，建筑保存完整。

胡家茂宅

位于黟县西递镇西递村，建于清同治年间。坐北朝南，三开间二层建筑。占地面积52.8平方米，主体通面阔8米，通进深6.6米。

胡家庆等宅

位于黄山区新丰乡新丰古村东部，建于清代。门向西南，一进五开间，直通式五间，前天井。占地面积204平方米，高约6.3米。木架结构穿斗式，斜方格纹水门汀地面。地沟式天井，板壁墙，圆柱方梁，天棚望板，卷棚，天井上檐残存斜撑4个。

胡家涛宅

位于绩溪县上庄镇上庄村环村北路104号，建于清光绪年间。坐西北朝东南，占地面积80平方米。硬山式屋顶，砌封火墙，抬梁穿斗并用式梁架，方砖地坪。大门开在东山墙的东南隅，门框上有门罩，略有雕刻。天井的东、南、北向用卷云如意撑拱承挑出檐，檐部装饰矮窗，明间北部设楼梯，木构件斜撑、雀替、窗栏板、隔扇雕刻精美。

胡家新宅

位于黟县碧阳镇赤岭村，建于清末。坐西朝东，开间9.9米，进深8.5米，占地面积84.2平方米。后进三开间二层建筑，有天井。砖木结构，木构架承重，整体较完整。

胡家众宅

位于歙县岔口镇文山村，建于清代。坐北朝南，一进三开间二层建筑。通面阔10米，通进深7.6米。门楼上的砖雕非常精美，窗户上的砖雕有特色。木雕精致，保存较完整。

胡见社等宅

位于休宁县万安镇轮车村上轮车组，建于清代。坐南朝北，占地面积106.75平方米。地面用水磨石金砖铺就，柱础为红砂岩方形，雀替雕饰花卉图案，斜撑为木雕狮，隔扇窗雕饰草龙图案，裙板雕刻草龙和变形『寿』字图案。

胡建安宅

位于黟县西递镇西递村，建于清咸丰年间。坐北朝南，建筑面积105.6平方米，占地面积93.6平方米。三开间二层建筑。

胡建波宅

位于歙县霞坑镇里方村五组，建于清代。坐西北朝东南，一进三开间楼房。通面阔10.4米，通进深8.9米，占地面积93平方米。大门有简易门罩，房内有天井。

胡建辉等宅

位于休宁县齐云山镇西馆村，建于清代。占地面积87.2平方米。坐东南朝西北，共两进。大门彩绘人物、花卉，二进柱础、大梁皆方形，雀替雕花卉，斜撑雕龙，木隔扇窗饰竖方格，裙板雕土龙、如意。

胡建龙宅

位于绩溪县上庄镇上庄村中路65号，建于清代后期。坐西朝东，占地面积155平方米。东、西两室，中设天井，二楼通转。大门开在前檐墙东北隅，门框上三飞砖门罩。二楼沿天井四向有裙板和矮窗装修，有8件卷草纹撑拱承挑出檐。正厅上首悬挂黑漆描金匾额一块，上书『通神明』，落款『光绪廿六年里人敬赠』。

胡建明宅

位于黟县碧阳镇石亭村，建于清末。坐西北朝东南，一进三开间一天井二层建筑。开间10.3米，进深9.15米，占地面积94.2平方米。大门砖雕门楼保存较好，制作工艺水平较高。隔扇门窗、飞罩、梁撑、遮羞窗等木雕构件精美别致，保存较完好。

胡建平宅

位于歙县雄村镇夏坑村，建于清代。坐北朝南偏西，四进三开间二开井二层建筑。两侧偏房面阔23米，进深7米，内各有二厅二厢房。

胡建平宅

位于祁门县安凌镇雷湖村卷桥组，建于清代。坐西南朝东北，二厅六厢三开间徽派砖木结构二层建筑。通面阔10.8米，通进深13.8米，占地面积149平方米。门楼有木制牌坊嵌于正墙中，中设天井采光通风。屋内梁枋、斜撑等雕刻受损。

胡建平宅

位于黟县西递镇霭峰村上村组，建于清末。坐北朝南，三开间带二厢有天井二层建筑。开间7.46米，进深5.24米，占地面积39平方米。右厢设楼梯上楼。门楼制作保存较好，墙上原开窗保存。

胡建设宅

位于绩溪县瀛洲镇汪村180号，建于清代晚期。坐北朝南，占地面积68平方米。一进三开间二层建筑。撑拱承挑出檐，前檐檐部设一天井，三合土地坪，外砌封火墙。梁架和基础较好，室内木雕构件雕刻精美。

胡建荪宅

位于黟县西递镇西递村，建于清代。坐东北朝西南，三开间二层建筑。主体通面阔8.6米，通进深6.5米，占地面积74.1平方米。

胡鉴辉宅

位于绩溪县上庄镇上庄村来龙路9号，建于清代后期。坐北朝南，占地面积190平方米。硬山式屋顶，抬梁穿斗并用式梁架。方砖地坪，依南北中轴线东西对称布局，中设天井，南北两堂，东西两厢，是典型的四合式结构。

胡金富等宅

位于歙县徽城镇紫阳村，建于清代。坐南朝北，砖木结构二层建筑。通面阔9.15米，通进深5.85米，占地面积53.5平方米。

胡金吉宅

位于歙县雄村镇鲍坑村五组39号，建于清代。坐北朝南，二进三开间二层建筑。通面阔9.5米，通进深11.02米，占地面积104.7平方米。有门楼。有格子花窗。有花板，雕有许多人物。有斜撑，有精美雀替，刻有动物。

胡金莲宅

位于歙县璜田乡下璜村上村组，建于清代。坐北朝南，二进三开间。面阔7.6米，进深10米，占地面积76平方米。均为硬山式屋顶，青瓦盖顶。

胡金明宅

位于歙县璜田乡璜蔚村山河组，建于清代。坐西北朝东南。通面阔10.7米，通进深10.7米，占地面积114.49平方米。均为硬山式屋顶，青瓦盖顶。

胡金木宅

位于歙县徽城镇紫阳村，建于清代。坐东朝西，一进三开间砖木结构二层建筑。通面阔8.5米，通进深5.5米，占地面积46.75平方米。

胡金善、吴剑平宅

位于歙县北岸镇白杨村上祈自然村，建于清代。坐南朝北，一进三开间。通面阔7.15米，通进深6.3米，占地面积45.1平方米。门有简易砖雕，木质结构霉烂倒塌。

胡锦全宅

位于徽州区潜口镇澄塘村西边，建于清代。坐西朝东，建筑面积85.68平方米。一进三开间二阁厢二层建筑。上堂三间中为厅，两次间为住房，明间柱头饰一丁字拱。楼板有大方砖墁地，屋面有望砖。

胡开来宅

位于黟县西递镇西递村，建于清代。坐北朝南，三开间二层建筑，偏厅为一层建筑。建筑面积241.6平方米，占地面积165.6平方米。

胡开文纪念馆

位于绩溪县上庄镇上庄村环村南路31号，建于清代后期。坐西南朝东北，占地面积210平方米。砖木结构，硬山式屋顶，山墙砌封火墙，抬梁穿斗并用式梁架。上下对堂，二楼通转，中设天井。撑拱、雀替、窗户、隔扇均有精美的雕刻。1997年胡开文旧居和胡开文纪念馆一并被列为绩溪县重点文物保护单位。

胡开文旧居

位于绩溪县上庄镇上庄村环村南路29号，建于清代中期。坐东朝西，占地面积140.5平方米。前后两进，砖木结构，硬山式屋顶，抬梁穿斗并用式梁架。面阔三间，进深六间，大门门楼为中西合璧式，前堂是厅式并设拱轩，后室设楼并通转于前堂。

胡开文墨店

位于休宁县海阳镇齐宁社区齐宁街142号，建于明代。占地面积166.44平方米。坐北朝南，前店后坊式布局，共三进，结构简单。大梁、柱础皆方形，木构架穿斗式，其中二进天井呈方形。东侧建偏厅，三进东侧为庭院。2008年被列为黄山市重点文物保护单位。

胡开颜宅

位于祁门县祁山镇西街（坑下22-4号）。坐西朝东，三开间四房二厢徽派砖木结构走马楼式二层建筑。通面阔10米，通进深10.5米，占地面积105平方米。前有院子，砖制门罩，中设天井采光通风，屋内月梁、斜撑、雀替、隔扇等雕刻保存较好。

胡康佳宅

位于黟县西递镇石印村善禾组，建于清末。坐北朝南，三开间带二厢二层建筑。开间8.62米，进深5.6米，占地面积48.3平方米。后檐墙开门通厨房。木构架、木装修保存较好，大门门楼雕刻较精致。

胡康荣宅

位于黟县西递镇霭峰村上村组，建于清末。坐南朝北，三开间带二厢二层建筑。开间8.72米，进深5.48米，占地面积47.8平方米。右厢门通厨房，左厢设楼梯。

胡可林宅

位于绩溪县家朋乡霞水村106号，建于清代中期。坐北朝南，占地面积120平方米。一进三开间二层建筑。东西厢房，前檐设一天井，撑拱承挑出檐，抬梁穿斗并用式梁架。三合土地坪，外围封火墙。梁架和基础较好，窗栏板雕刻精美。

胡来好宅

位于黟县碧阳镇古黄村古筑组，建于清代。坐东北朝西南，开间9.35米，进深8.0米，占地面积74.8平方米。三开间带二厢有天井砖木结构二层建筑。木构配件及隔扇门窗保存较好。

胡兰芝宅

位于黟县碧阳镇钟山村石屏组，建于清末。坐南朝北，开间10.25米，进深8.25米，占地面积84.6平方米。三开间带二厢有天井砖木结构二层建筑。

胡立忠等宅

位于歙县许村镇许村前溪自然村，建于清代。坐西朝东，二进三开间楼房。通面阔10.1米，通进深13.44米。分上下两进，中间是天井，两侧置厢房。

胡丽芬宅

位于黟县碧阳镇古黄村黄村组，建于清代。坐西朝东，开间9.45米，进深8.35米，占地面积78.9平方米。三开间带二厢有天井二层建筑。隔扇门窗制作较精致。

胡丽英宅

位于黟县西递镇西递村，建于清代。坐北朝南，主体通面阔10米，通进深8米，占地面积80平方米。三开间二层建筑。

胡利平宅

位于徽州区呈坎镇呈坎村西，建于清代。坐西朝东，建筑面积77.77平方米。三开间带二厢楼房。大门在北廊内，条砖地面，底层一明两暗，明间砖上铺地板，两厢临天井向装修已毁，照壁后上楼。

胡莲月宅

位于绩溪县家朋乡磡头村狮子墩11号，建于明代中晚期。前进在清代早期重新改造，后进保持明代风格。坐西北朝东南，占地面积218平方米。前后两进，前进为二层建筑，东西厢房，前檐设一天井，撑拱承挑出檐。抬梁穿斗并用式梁架，三合土地坪。室内的斜撑、雀替、隔扇雕刻精美。

胡良贵宅

位于徽州区西溪南镇西溪南村朝阳组，建于清代。坐北朝南，建筑面积177.11平方米。二进三开间二层建筑。前进为显厅，后进为上下对堂。下堂为一披水廊屋。后进上堂宽敞，明间为厅，两次间隔为房。楼上三间，有二重檐。

胡列九宅

位于黟县西递镇西递村，建于清咸丰年间。坐北朝南，三开间二层建筑。建筑面积130平方米，占地面积113平方米。

胡林清宅

位于祁门县历口镇湘东村高枧组，建于清末。坐南朝北，一进三开间徽派砖木结构二层建筑。通面阔9.8米，通进深7米，占地面积69平方米。前有院，屋内月梁、斜撑、雀替、隔扇等雕刻保存较好，木地板铺设地面。

胡临荪宅

位于黟县西递镇西递村，建于清咸丰年间。坐北朝南，建筑面积135.2平方米，主体通面阔10米，通进深10.3米。三开间二层建筑。

胡六顺宅

位于黟县碧阳镇直街，建于清代。占地面积87.87平方米，建筑面积129.64平方米。木构架穿斗式，楼层为五檩四步架，前廊步做腰檐，檐口挑头梁承撩檐枋支挑，设飞椽。地面斜缝三合土。门罩、斜撑、雀替、梁栿、风窗、飞罩、隔扇门窗等雕刻精美。2014年被列为黟县重点文物保护单位。

胡伦文宅

位于绩溪县瀛洲镇龙川村105号，建于清代后期。坐北朝南，占地面积60平方米。一进三开间二层建筑。大门开在东山墙，前檐设一天井，撑拱承挑出檐，抬梁穿斗并用式梁架，三合土地坪，外围封火墙。室内木雕构件雕刻精美。

胡曼来宅

位于歙县霞坑镇里方村三组，建于清代。坐东南朝西北，一进三开间有天井三层建筑。通面阔11.4米，通进深9.2米，占地面积100平方米。大门有门罩。大门开在偏东处园内。

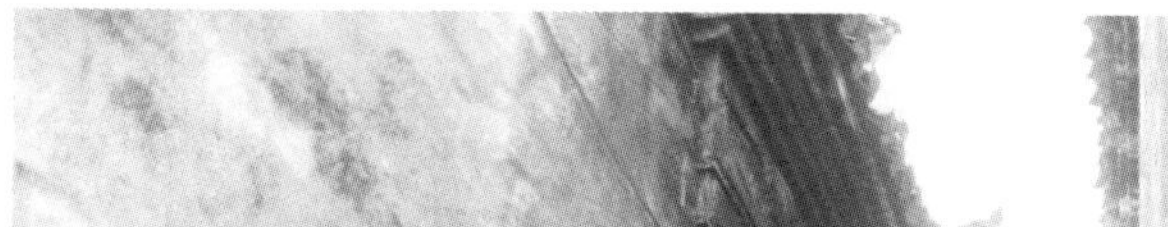

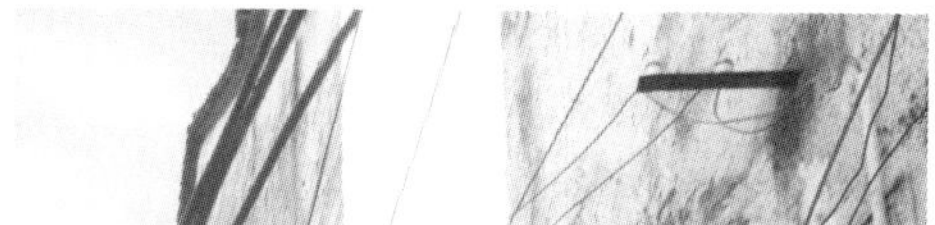

胡茂来宅

位于歙县霞坑镇里方村三组，建于清代。坐西北朝东南，三层建筑。通面阔12.4米，通进深10.4米，占地面积129平方米。大门开在南偏东，有门罩，内有天井。

胡茂林宅

位于徽州区西溪南镇西溪南村双桥组，建于清代。坐东朝西，建筑面积125.3平方米。三开间上下对堂四合院。下堂门厅，长条砖横铺地。两次间全部木装修为房间；上堂亦为三间，明间为厅，次间为房。

胡美生宅

位于绩溪县瀛洲镇仁里村45号，建于清代晚期。占地面积102平方米。一进三开间二层建筑。硬山式屋顶，外砌封火墙，抬梁穿斗并用式梁架，三合土地坪。前檐部设一天井，撑拱承挑出檐，檐部装置裙板和满天星花心矮窗。正厅的右侧有一书房，室内艺术构件狮撑、如意撑等雕刻精美。

胡美珍宅

位于歙县徽城镇紫阳村，建于清代。坐南朝北，一进三开间砖木结构二层建筑。通面阔5.75米，通进深7.15米，占地面积41.1平方米。

胡孟秋宅

位于歙县霞坑镇里方村六组，建于清代。坐西北朝东南，二进三开间三层建筑。通面阔9.9米，通进深14.4米，占地面积140平方米。大门有砖雕门楼。内部梁架简单，斜撑、雀替等构件有雕刻。后进有房间，楼上有厢房。

胡名桂宅

位于黟县西递镇西递村，建于清光绪年间。坐东北朝西南，主体通面阔9.5米，通进深5.65米，占地面积53.7平方米。三开间二层建筑。

胡名祥宅

位于黟县西递镇西递村，建于清咸丰年间。坐西北朝东南，主体通面阔10.8米，通进深34.8米，占地面积375.8平方米。前为四合院，后为三开间三层建筑。

胡明洁宅

位于黄山区仙源镇龙山村平阳组，建于晚清。占地面积349平方米。二进五开间，木架结构穿斗式。板壁墙，材料为望砖，现有斜撑1个，为松鼠抱葡萄图案。

胡明亮宅

位于屯溪区新潭镇长源村槐源自然村，建于清代。占地面积73.7平方米。一进三开间砖木结构二层建筑。进门为门厅，红石铺地，明间为厅，两次间为房。楼上三间分割，楼城木皮门装修，屋面铺望砖，前檐铺望板。

胡牧宅

位于黟县西递镇西递村，建于清代。坐东朝西，主体通面阔10.6米，通进深7.2米，建筑面积219.3平方米，占地面积105.12平方米。三开间二层建筑。

胡男亭宅

位于歙县深渡镇深渡老街，建于清代。坐北朝南，三开间上下对堂二过厢有天井二层建筑。通面阔6.5米，通进深17.4米，占地面积113.1平方米。右边楼梯。

胡培基宅

位于徽州区西溪南镇竦塘村梧竺源一组，建于清代。坐西朝东，建筑面积64.32平方米。一进三开间二层建筑。正屋三间起楼，明间为厅，次间为房，柱头饰雕花斜撑。楼上三间分割，檐口有望板。

胡培祥宅

位于休宁县齐云山镇北山村29号，建于清代。占地面积78.6平方米。坐东朝西，一进三开间。天井处铺红砂石，柱础方形，大厅金砖铺地，雀替雕花卉、草龙，额枋雕花卉。

胡培中宅

位于歙县溪头镇西坡村，建于清代。坐北朝南，一进三开间带厢房带天井楼房。占地面积83.5平方米。大门居中，有天井明堂，木柱通顶。门楼有砖石雕。

胡平庆宅

位于黄山区谭家桥镇中墩村墩上组，建于清初。占地面积158平方米。二进三开间，木架结构穿斗式。平铺式天井，板壁墙，天棚望砖。斜撑4个，梁袱2个，月梁1对。

胡祁云宅

位于祁门县祁山镇西街坑下17号。坐北朝南，三开间四房二厢徽派砖木走马楼式二层建筑。通面阔10.6米，通进深12米，占地面积127平方米。砖雕门罩，中设天井采光通风，青石、木地板铺设地面。

胡其昌宅

位于徽州区呈坎镇呈坎村皇冠前4号，建于清代。坐西朝东，建筑面积216.79平方米。三开间上下对堂二层建筑。进门为下堂，中为门厅，两次间为房。上堂明间大方砖铺地，两次间木板装房。楼上为走马楼。

胡其鲁宅

位于绩溪县荆州乡上胡家村343号，建于清代晚期。坐西北朝东南，占地面积200平方米。上下对堂，中设天井，撑拱承挑出檐，二楼通转。硬山式屋顶，外砌封火墙，抬梁穿斗并用式梁架，三合土地坪。内部装修有撑拱、雀替、隔扇。整栋建筑保存完整。

胡其新宅

位于歙县北岸镇白杨村方祈自然村，建于清代。由两栋建筑组成。其一为坐北朝南，二进三开间。通面阔9.4米，通进深8.15米，占地面积76.61平方米。门楼有砖雕，内有诸多木雕，非常精美。其二为坐南朝北，一进二开间。通面阔7.1米，通进深6.1米，占地面积43.31平方米。门楼呈画卷形状，无砖雕，窗户造型特别，内有部分木雕。

胡琪宅

位于黟县碧阳镇星火村陈闾组，建于清末。坐北朝南，开间9.4米，进深10.95米，占地面积102.9平方米。三开间后厅前堂带二厢有天井砖木结构二层建筑。木构架承重，木构架、装修等较完整，部分支撑支护，构配件、隔扇门窗等较完整。

胡启惠宅

位于黟县碧阳镇星火村陈闾组，建于清末。坐北朝南，开间15米，进深10.4米，占地面积156平方米。主楼三间二层建筑，偏屋二开间有天井二层建筑。砖木结构，木构架承重，房屋木构架、装修等较完整，构配件、隔扇门窗等木雕刻制作较好。

胡强新宅

位于黟县碧阳镇横沟弦街，建于清初。一进三开间带天井砖木结构二层建筑。占地面积78.9平方米，建筑面积134.9平方米。楼层为四架五檩穿斗式构架，设飞椽。入口为天井，青石板铺地，大门顶施有『寿』字石雕漏窗，地栿上有『钱』字通气孔，整体保存较好。2014年被列为黟县重点文物保护单位。

胡巧、胡来顺宅

位于歙县徽城镇程家坞村，建于清代。坐南朝北，一进三开间砖木结构二层建筑。通面阔11.71米，通进深6.15米，占地面积72平方米。

胡巧英宅

位于黟县碧阳镇赤岭村，建于清代。坐南朝北，开间9.45米，进深7.4米，占地面积69.9平方米。三开间带二厢有天井砖木结构二层建筑。木构架承重，构配件及窗扇保存较好。

胡琴宅

位于绩溪县临溪镇孔灵村221号，建于清代晚期。坐北朝南，占地面积1010平方米。上下对堂，二楼通转，东西厢房，前后花园。前花园内有一口古井，正厅的东侧为厨房和附属房，厨房边有一口古井，三合土地坪，外围封火墙。正厅上首有一块朱漆描金匾额，书有『峻德堂』。

胡清禄等宅

位于歙县徽城镇大梅口村，建于清代。坐东朝西，一进三开间砖木结构二层建筑。通面阔8.75米，通进深5.8米，占地面积51平方米。

胡庆丰宅

位于黟县碧阳镇南屏村，建于清代。坐西朝东，开间9.05米，进深7.2米，占地面积65.2平方米。三开间带二厢有天井二层建筑，木构配件及隔扇门窗做工较精致，砖雕门楼精致。